복음은 믿는 것이라고 한다. 하지만 복음은 사실 살아가는 것이다. 복음을 믿는다고 하는 순간부터 신앙생활, 곧 신앙-살아가기가 시작되기 때문이다. 신앙-살아가기는 다름이 아니라 은혜로 의롭다 하심을 받은 자의 거룩한 변화이다. 『단순한 영성』, 이 아름다운 책은 복음적 신앙과 삶의 자리로 우리를 구체적으로 안내한다. 단순화로 이끌면서 사실은 더욱 깊어지는 경건의 자리로 데려간다. 이 책이 이끄는 대로 따라가면, 반드시 평안과 위로를 주는 복음의 능력을 맛보게 될 것이다. 이 책은 이 땅에서 하늘의 기쁨을 누리게 하는 정말 훌륭한 길잡이이기 때문이다. 이제부터 '단순한 영성'이 나의 신앙을 설명하는 모든 것이 되기를 바란다. 믿음의 모든 형제들에게 진심으로 권하는 바이다.

– 김병훈 합동신학대학원대학교 조직신학 교수

이 책은 현대를 살아가는 크리스천의 영성 함양을 위해 꼭 필요한 핵심 노하우를 알려주고 있다. 최종 지향점은 영성을 단순화하는 것이고, 핵심 지침은 생활 속 실제 적용이다. '익숙한' 신앙생활에 안주하고 있는 성도가 있다면 이번 기회에 이 책을 통해 '성숙한' 신앙인의 삶에 도전받기를 바란다!

– 박태양 TGC코리아 대표, CTC코리아 사무총장

드디어 나왔다! 짧고 간단하지만, 성경에 근거한 영성을 살아내도록 하는 현실적인 지침으로 가득한 책. 실질적인 측면을 희생하지도 않고, 신비주의나 율법주의 또는 방종에 치우치지도 않는다. 이 책은 우리에게 있는 큰 헛헛함을 채운다. 도널드 휘트니가 권하는 내용의 반만 실천해도 당신의 영적 생활은 분명 나아질 것이다. 이 책을 빨리 훑어보라. 그리고 다시 처음부터 한 장씩 주의하여 읽으라. 날마다 기도하고 실천하라.

– 조엘 비키 퓨리탄리폼드신학교 학장, 헤리티지리폼드콩그리게이션교회 목사

도널드 휘트니가 다시 해냈다! 이 책은 영적 훈련에 따르는 가장 큰 두려움을 다룬다. 어떻게 해야 너무 복잡하고 어렵지 않게 영성 훈련을 실천할 수 있을까? 이 책은 꼭 적당한 때 나온 꼭 적당한 메시지이다.

— 테드 트립 저술가, 컨퍼런스 연사

휘트니가 다시 해냈다! 이 책은 당신의 삶을 근본부터 고쳐줄 놀라운 도구이다. 당신은 삼위일체 하나님, 그리스도, 말씀, 성경적 묵상, 기도와 같은 참된 영성의 기초로 돌아가 공부하게 된다. 이 책은 쉽게 읽히지만 섹션마다 당신이 내면 깊은 곳에서 무엇을 열망하는지 알도록 돕는다. 그것은 영혼의 회복과 '그리스도를 향하는 진실함과 깨끗함'이다.

— 마이클 A.G. 헤이킨 토론토뱁티스트신학교 역사 신학 및 개혁주의 영성 교수,
서던뱁티스트신학교 교회사 겸임교수

도널드 휘트니의 글은 나 개인에게만 아니라 내가 섬기는 교회에도, 힘을 주고 격려하는 엄청난 근원이 되어 왔다. 평범한 그리스도인에게 말씀의 진리를 분명하고 쉽게 전하는 한 사람이 여기 있다. 이 책은 당신에게도 같은 효과를 미칠 것이다. 즉, 당신의 영성 생활을 단순화할 뿐 아니라 그 깊이도 더할 것이다.

— CJ 매허니 카비넌트라이프교회 담임목사

빠른 속도로 지나가는 이 시대에 대부분의 사람은 일에 시달리고 기진맥진하여 하나님과 함께 있는 시간을 많이 낼 수 없다고 느낀다. 하지만 도널드 휘트니는 성경적이고, 실천적이고, 무엇보다도 단순함이 장점인 이책에서 모든 혼란스러움을 단숨에 관통하는 수십 가지 조언을 제공하여

당신의 성장을 돕는다. 우리는 대부분 단순화해야 한다는 사실을 알고 있다. 이 놀라운 책이 그 방법을 보여준다.

도널드 휘트니는 영적 훈련 분야에서 최고의 스승이다. 또 확실한 점은 그가 자신의 경험을 바탕으로 글을 쓴다는 것이다. 그는 자신이 말하는 바를 실천하는 사람이다. 이 책은 초신자 및 성숙한 신자 모두에게 도움이 될 것이다.

이 책은 우리에게 굉장히 필요한 책으로서, 이 안에는 지혜가 가득 담겨 있다. 우리가 살아가는 이 복잡하고 미친 듯한 세상에는 절실한 필요가 존재한다. 즉 삶을 단순화하고, 우선순위를 정하며, 사소한 분주함에서 벗어나 의미 있는 노동으로 나아가며, 피상적인 접촉에서 벗어나 실질적인 친교로 나아가야 할 필요이다. 돈 휘트니는 "부차적인 것"에서 "우선하는 것"으로 우리를 이끌어줄 확실한 인도자이다. 그가 제시하는 시의적절하고 성경적이며 실천적인 조언과 충고는 혹사당하고 기진맥진한 영혼에 많은 도움이 될 것이다. 집어 들고 읽으라. 배우고 성장하라!

단순한 영성

단순한 영성

지은이 도널드 휘트니
옮긴이 이대은
펴낸이 김종진
초판 발행 2020. 6. 5.
등록번호 제2018-000357호
등록된 곳 서울특별시 강남구 선릉로107길 15, 202호
발행처 개혁된실천사
전화번호 02)6052-9696
이메일 mail@dailylearning.co.kr
웹사이트 www.dailylearning.co.kr

책값은 뒤표지에 있습니다.
ISBN 979-11-89697-09-9 03230

개혁된
실천
시리즈

영적 훈련의 개혁된 실천

단순한 영성

SIMPLIFY YOUR SPIRITUAL LIFE

도널드 휘트니 지음

이대은 옮김

개혁된실천사

목차

추천사 · **18**

서문 · **20**

PART **1** 단순화와 1차적 원칙들

1 영적 심플 라이프를 추구하라 · **24**

2 단순화 전에 확인하라 · **28**

3 기독교 영성이라는 좋은 소식을 알라 · **31**

4 당신의 영혼을 "그리스도를 향하는
   진실함과 깨끗함"에 두라 · **33**

5 참된 영성을 실천하라 · **37**

6 단순화하는 이유를 알라 · **40**

7 기억하라, 이것은 예수님에 관한 것이다 · **42**

8 날마다 당신의 십자가를 지고 예수님을 따르라 · **45**

9 성경에 영성의 뿌리를 내리라 · **48**

10 삼위일체 영성을 터득하라 · **51**

11 회중 영성을 경험하라 · **54**

12 단순성을 천국으로 착각하지 말라 · **57**

13 영적 생활을 단순화하라, 오해 없이 · **60**

14 단순화를 주의하라 · **63**

15 진보를 주의하라 · **66**

16 무엇을 하든지 다 하나님의 영광을 위하여 하라 · **69**

PART **2** 단순화와 진리

17 성경의 권위와 인도를 의지하라 · **72**

18 종종 물으라, "성경은 무엇이라고 말씀하는가?" · **75**

19 인내와 위로와 희망을 찾으려면 성경으로 가라 · **77**

20 성경 읽기 계획표를 활용하라 · **80**

21 성경 읽기 방식을 확립하라 · **83**

22 영과 진리를 연결하라 · **86**

23 마음으로부터 시편을 노래하라 · **89**

24 읽으라 그리고 묵상하라 · **92**

25 성경과 삶을 묵상하라 · **95**

26 빛과 열을 내도록 묵상하라 · **98**

27 묵상하고 적용하라 · **101**

28 빌립보서 4장 8절 질문을 던지라 · **104**

29 조세프 홀의 질문을 던지라 · **106**

PART **3** 단순화와 기도

30 구하라, 그러면 좋은 것을 받으리라 · **110**

31 항상 같은 기도를 하지 말라 · **112**

32 성경 말씀으로 기도하라 · **115**

33 다른 이의 기도문으로 기도하라 · **118**

34 기도 산책을 하라 · **122**

35 필요없는 말을 빼고 기도하라 · **125**

36 실제 기도방을 만들라 · **127**

37 오늘의 계획을 따라 기도하라 · **129**

38 기도 알림이를 활용하라 · **132**

PART **4** 단순화와 일지

39 간단하게라도 일지를 쓰라 · **136**

40 무작위로 일지 쓰기 실천법 · **139**

41 질문으로 당신의 영혼을 살피라 · **142**

42 일지 알림이를 활용하라 1부 · **145**

43 일지 알림이를 활용하라 2부 · **148**

44 만년필로 쓰는 일지 · **150**

PART **5** 단순화와 생각

45 영적 무감각을 피하라 · **154**

46 그것을 꺼라! · **156**

47 하루에 한 쪽 읽기 · **158**

48 위대한 질문을 수집하라 · **160**

49 지혜로운 자와 동행하라 · **163**

50 영적 영웅들을 본받으라 · **166**

51 진리를 반복하라 · **170**

52 모든 일을 성경 진리를 드러내는 예로 바라보라 · **173**

53 천국을 더 많이 생각하라 · **176**

PART **6** 단순화와 마음

54 당신의 고난을 영성으로 성화하라 · **180**

55 당신의 죄를 죽이라 · **183**

56 당신의 영성을 노래하라 · **186**

57 당신의 야망을 명확히 하라 · **188**

58 전자 장비 영성을 최소화하라 1부 · **191**

59 자족함으로 단순함의 부를 쌓으라 · **194**

60 자족을 배우라 · **196**

61 그리스도로 자족하기를 배우라 · **199**

PART **7** 단순화와 시간

62 네 자신을 훈련하라 · **202**

63 네 자신을 훈련하라...율법주의 없이 · **205**

64 영적 멀티태스킹을 수행하라 · **208**

65 잊어버리지 않게 상기시키라 · **210**

66 한 가지를 버리고, 한 가지를 정리하라 · **213**

67 당신의 영혼을 위해서 파일을 만들라 · **215**

68 일의 영성을 인식하라 · **217**

69 당신이 할 수 있는 것을 하라 · **220**

70 영성의 육체성을 기억하라 · **223**

71 낮잠을 자라 · **226**

72 아무것도 하지 말라. 그리고 이 무위조차도
   하나님의 영광을 위하여 하라 · 228

73 주일을 성경대로 보내라 · 230

74 주일을 즐거워하라 · 233

75 멈춤으로 한 주를 시작하라 · 236

76 주일에는 여백을 두라 · 239

PART 8 단순화와 다른 이들

77 가정 예배를 단순화하라 · 244

78 영적 유산을 남기라 · 247

79 영성을 자극하는 책을 가족에게 읽어주라 · 250

80 식탁에서 축복 찬양을 부르라 · 252

81 사람들에게 어떻게 기도해줄지 물으라 · 254

82 단순한 틀로 복음을 전할 준비를 하라 · 257

83 효율적으로 섬기라 · 260

84 사역을 개발하라 · 263

85 사교 행위가 아닌 참된 교제를 추구하라 · 266

86 코이노니아를 일구라 · 268

87 교회 안에서 코이노니아를 일구라 · 271

88 얼굴을 맞대는 교제 1부 · **274**

89 얼굴을 맞대는 교제 2부 · **276**

90 전자 장비에 의지한 영성을 최소화하라 2부 · **279**

토론 길잡이 · **282**

미주 · **285**

저자에 대해 · **290**

육체적 존재인 동시에 영적인 존재인
현재 그리고 미래의 내 후손들에게

"이 일이 장래 세대를 위하여 기록되리니
창조함을 받을 백성이 여호와를 찬양하리로다"
시편 102:18

추천사

"더 많이 하라, 더 적은 것으로. 그리고 더 빨리." 이것은 과부하에 걸린 이 시대에 종종 듣게 되는 경영 전략이다. 하지만 예수님이라면 어떻게 생각하실까? 당신은 그분이 이마에 땀을 뚝뚝 흘리시며, 앞이 보이지 않는 거지를 무시하고 지나치시면서 뒤처진 제자들에게 고함치는 모습을 상상할 수 있는가? 여리고에서 열리는 아침 기도회에 이십 분 늦었다고 말이다. 만약 산상수훈을 전하시는데 사람들 사이에서 휴대폰이 울렸다면 어떻게 반응하셨을까? 예수님은 난잡함이나 복잡함에는 관용이 없으셨다. 간단히 말해 그분은 자신의 사명에서 절대 흐트러지는 법이 없으셨다.

예수님은 사람을 사랑하셨고 진리를 사랑하셨다. 그분의 접근법에는 불굴의 단순성이 있었다. 하지만 그 결과는 짐을 더하는 것이 아니었고 오히려 사람을 자유롭게 하는 것이었다. 그분의 단순성은 결국 집중이었다. "한 가지만이라도 족하니라…" 우리는 이 말씀을 기억한다.

예수님은 고독, 기도, 안식일과 같은 훈련을 실천하셨다. 그분은 이 땅을 구하러 오셨지만, 여기 이 땅에 존재하는 혼란스러운 것이 아닌 위의 것을 추구하셨기 때문이다. 예수님은 훈련받았고 목적에 집중하셨음에도 영적 필요를 지닌 자들의 마음을 끌어당기셨다. 그분은 섬기셨다. 그분은 치유하셨다. 그분은 가르치셨다. 그분은 긍휼을 보이셨다. 사람들은 이를 보고 그분의 단순한 메시지에 반응했다.

"각 시대는 그 시대만의 특징이 있다." 목사이며 작가인 토저는 말한다. "지금 이 순간 우리는 종교 복잡성의 시대에 있다. 그리스도 안에 있는 단순성은 우리에게서 찾아보기 힘들다."

이 책은 이 문제에 맞서, 현시대의 난잡함, 복잡함, 혼돈에 저항하며 우리를 하나님 나라의 단순성으로 되돌려놓는다. 우선 도널드 휘트니는 어수선한 우리의 영적 지경을 불도저로 밀어버린다. 그리고 예수님을 그 한 가운데 제시한다.

이 책은 지속할 수 없는 완벽주의나 강압적인 율법주의를 말하지 않는다. 오히려 우리를 자유롭게 하는 단순한 형태의 헌신을 다룬다. 이는 그리스도인이 매일 실제로 행할 수 있는 헌신된 삶으로서, 그렇게 살아갈 때 그리스도와 누리는 친밀함은 더욱 밝게 빛난다. 뜻을 정해서 살아가는 삶, 그리고 몇 세대 동안 간과되었다가 이제야 다시 빛을 보게 된 영적 훈련을 재발견하는 이 책을 크게 환영한다.

의학박사 리차드 스웬슨
『여백과 과부하 신드롬』 저자

서문

세상은 그 어느 때보다도 복잡해졌고, 10억분의 1초마다 더 복잡해지고 있다. 그 결과 거의 모든 사람이 결국은 단순화할 필요를 느낀다. 그런데 많은 사람에게 단순화란 "적게 하는 것" 그 이상도 이하도 아니다. 하지만 단순화란 일을 적게 하는 것만큼 바른 일을 하는 것을 의미한다.

이 차이는 삶에서 영적인 심플 라이프를 추구하는 일에 더욱 중요하다. 우리가 꿈꾸는 "이상적인" 단순한 영적 생활(그것이 무엇이든)일지라도 여전히 분주할 수 있기 때문이다. 예수님과 바울 사도처럼 하나님과 사람을 사랑하는 일에 헌신하더라도 삶을 온전하게, 그리고 활동적으로 영위할 수 있다. 하지만 그러한 삶은 더욱 집중되어 있고, 열매가 있고, 만족감을 준다. 우선순위를 바르게 설정하고 그에 따라 살기 때문이다. 따라서 이 책은 일을 적게 하는 것을 이야기하는 동시에 바른 일을 하는 것, 그리고 바른 동기로 바른 일을 하는 것을 더 많이 말한다.

더 나아가 엄격히 따지자면 이 책은 심플 라이프를 논하는 철학 또는 신학 서적이 아니다. 물론 그러한 면이 어느 정도 있기는 하지만, 이 책의 최우선 목표는 심플 라이프를 지지하는 논증을 제시하는 것이 아니다. 짧은 장들로 이루어진 이 책은 이미 여러 영역에서 단순하게 살 필요를 느낀 자들을 위한 책이다. 구체적으로는 자신의 영적 생활을 단순화하는 작업을 시작하기 원하며, 도움을 찾는 자를 위한 책이다.

나는 모든 사람이 이 책에 제시된 모든 것을 해야만 한다고 믿는다는 인상을 주고 싶지 않다. 그렇게 하면 십중팔구 당신의 삶은 더욱 복잡해지고 만다. 이 책은 차라리 아이디어가 열려 있는 들판과 같다. 당신은 그저 마음속으로 편하게 거닐다가 멈춰서 당신의 영적 생활을 단순화할 수 있는 아이디어를 줍기만 하면 된다.

나를 잘 아는 사람이라면 한결같이 말하겠지만, 절대로 내가 전문가라서 이 글을 쓰는 것이 아니다. 그저 단순화할 필요성을 놓고 씨름했던 한 동료로서 이 글을 쓸 뿐이다. 여기 있는 내용 중 많은 부분은 과부하에 걸려 부담감에 짓눌리지 않도록 여러 가지 시도를 하는 과정에서 만들어졌다. 주님께서 그러한 시도에서 나온 열매를 사용하셔서 당신의 영혼을 새롭게 하고 힘을 주시기를, 그래서 "그리스도를 향하는 진실함과 깨끗함"(고후 11:3) 가운데 당신을 지키시기를 빈다.

단순화와
1차적 원칙들

PART **1**

1
영적 심플 라이프를 추구하라

영적 생활이 때로 축복이 아닌 짐으로 여겨지는가? 당신의 영성은 당신을 새롭게 하는 만큼이나 종종 당신을 고갈시키는 것만 같은가? 당신이 지키는 영적인 습관은, 안 그래도 이미 복잡하고 스트레스로 가득한 스케줄에 "해야 할 또 다른 한 가지"가 되어버렸는가? 그렇다면, 당신은 영적인 심플 라이프를 추구할 필요가 있다.

우선 진정한 영성은 일정 부분 우리를 고갈시킨다는 점을 인정해야만 한다. 영성은 단지 우리의 덕을 개발하기 위해서뿐 아니라 하나님의 영광과 목적을 섬기기 위해 존재하기 때문이다. 예수님이 영적으로 기울인 수고는 때로 심신을 너무나 지치게 만들었다. 그래서 예수님은 생명을 위협하는 폭풍에 휩쓸린 배에서도 주무실 수 있으셨다(눅 8:22-25 참고). 마찬가지로 사도 바울은 다른 이의 영혼을 위해서 기꺼이 "재물을 사용하고 또 내 자신까지도 내어"준 결과, 자신의 내적 자원이 모두 고갈되었음을 깨달았다(고후 12:15). 외적으로 드러나는 영성의 모든 측면, 즉 사람들의 필요를 섬기고, 선한 일을 행하고, 영적으로 잃어버린 자들에게 복음을 전하고, 교회 사역을 하는 일 등은 몸과 마음의 힘을 소모한다.

하지만 영적으로 우리를 새롭게 하는 유입이 영적 사역이라는 유출을 보충하지 못할 때 문제가 생긴다. 따라서 우리의 영적 생활은 내면의 재창조와 회복을 일으키는 유일한 근원이 되어야 한다. 이야말로 가장 직접 주님을 일상생활에서 경험하는 방식이기 때문이다. 영적 훈련을 통해(바르게 동기를 부여받고 실천했을 때) 그리스도를 앎이라는, 우리에게 가장 힘을 주는 은혜가 임한다.

시편 1편 2-3절은 영적인 훈련이 어떻게 영혼에 새로운 힘을 불어넣는 지속적인 수단이 될 수 있는지를 묘사한다. 하나님의 말씀을 자주 묵상하는(그저 읽는 것 말고) 일을 꾸준히 하는 사람은 생기가 돌아 "시냇가에 심은 나무가 철을 따라 열매를 맺으며 그 잎사귀가 마르지 아니함 같으니 그가 하는 모든 일이 다 형통"한다.

하지만 우리 삶에서 다른 모든 일이 점점 복잡해지듯이 우리의 영성도 그러할 수 있다. 한 저자는 이렇게 말한다. "지나친 개입, 어수선함, 바쁨이라는 패턴은 가정과 직장에서 우리 삶의 일부가 되었기 때문에, 주의를 기울이지 않으면 영적 생활에도 영향을 미친다."[1] 부와 기술이 급증하면서 얼마 전까지만 해도 가능하지 않았던 기회와 선택지가 생겨났다. 영적인 습관도 그러하다. 예를 들어 예전에는 성경, 공책, 펜을 챙겨서 볕이 드는 창가로 가 의자에 앉았다면, 이제 우리는 다음과 같이 한다.

- 자동으로 보내지는 이메일을 통해 경건 생활에 필요한 읽을거리를 수신한다
- 컴퓨터에 있는 역본까지 포함하여 여러 번역본으로 성경을 읽는다
- 키보드나 음성 인식 소프트웨어를 사용하여 컴퓨터에 일지를 작성하고, 흥미로운 그림도 삽입한다.
- 예배의식을 고양하는 오디오나 비디오를 통해 종교 경험을 쌓는다.

하지만 시간에 대한 요구가 우리를 옥죄기 때문에 이 모든 사항은 어느 때보다도 그저 빨리 해치워야 하는 일이 되고 말았다.

황급함과 복잡함으로 인해 불만은 커진다. 그리고 이는 개인의 영적 훈련뿐 아니라 회중이 함께하는 영적 훈련에도 영향을 미친다. 즉 우리가 다른 그리스도인과 함께 행하는 일들 말이다. 예전보다 교회 일에 관여하는 시간은 줄었지만, 선택할 수 있는 교회 활동은 많아졌다. 우리는 너무나 많은 일에 뒤처져 있기 때문에, 때로는 교회에서 얻는 것이 교회에 간다는 일 자체에 필요한 그 압도적인 노력의 가치가 있기는 한지 의구심을 품는다.

어찌 보면 우리는 어느 때보다도 영적으로 더 많은 일을 한다. 하지만 그 일을 즐기고 유익을 누리는 일은 적어졌다. 우리 삶의 많은 영역이 생산적이고 풍요롭기에, 아직 영적으로 그렇게 메말랐다고는 전혀 느끼지 못한다. 달력은 일정으로 가득하지만 우리 영혼은 텅 비었다.

우리가 영적으로 실천하는 일이 과연 우리가 가기를 꿈꾸는 그곳

으로 인도하고 있는지 평가해야 할 때가 왔다. 희망이 있다. 이 책의
나머지 내용을 계속 읽으라.

2
단순화 전에 확인하라
——

영적 심플 라이프를 추구하는 출발점은 당신에게 영적인 생명이 있
는지를 먼저 확인하는 일이다. 예수님은 종종 자신의 말씀을 듣는
자들이 품고 있는 영적인 주제넘음에 도전하셨다. 예수님은 바리새
인으로 알려진 영향력 있는 남성 집단에게 계속해서 그렇게 하셨
다. 하나님의 일, 특별히 성경 연구와 암송, 기도와 금식 등에 관한
그들의 관심과 헌신은 비범할 정도로 깊었다. 따라서 바리새인들과
다른 모든 사람은, 하나님과 바른 관계에 있는 사람이 존재한다면
바리새인이야말로 그러한 사람이라고 확신했다. 한 번은 예수님도
바리새인 또는 바리새인과 같은 사람들이 품고 있는 영적인 확신이
얼마나 위험한지 경고하려고 비유 한 편을 모두 할애하기도 하셨
다(눅 18:9-14 참고).

한때 바리새인이었던 사도 바울 역시, 자신과 하나님 사이는 모
든 것이 좋다고 당연하게 생각하는 사람들에게 경고한다. 그가 다

음 글을 쓴 대상은 예수님을 따르며 엄청난 열정을 보인 자들이었다. "너희는 믿음 안에 있는가 너희 자신을 시험하고 너희 자신을 확증하라"(고후 13:5).

또 바울은, 자신에게 영적인 생명이 있다고 스스로 믿었던 한 무리의 사람에게 다음과 같이 썼다. "그는 허물과 죄로 죽었던 너희를 살리셨도다"(엡 2:1). 그들은 육체적으로는 살았지만 영적으로는 죽어 있었다. 하지만 감사하게도 하나님은 예수님을 믿는 믿음을 통하여 은혜를 베푸셔서 영적으로 죽었던 자들을 "살리"셨다. 이 사람들은 영적으로 죽어 있었을 때에도 자신은 영적으로 살아 있다고 생각했을 것이다. 그들은 자신이 관심만 있었다면, 기독교의 영성을 실천함으로써 누구 못지 않게 좋은 것은 다 취할 수도 있었으리라고 상상했을 것이다. 오늘날 사람들이 대부분 이렇게 생각하지 않는가?

하지만 성경은 어떤 사람이 성령을 받기까지는 "하나님의 성령의 일들을 받지 아니하나니 이는 그것들이 그에게는 어리석게 보임이요"(고전 2:14)라고 말한다. 하나님의 영을 소유하기 전까지는 누구에게도 영적인 생명은 없다. 다만 회개와 믿음을 통해 예수 그리스도를 아는 사람에게만 하나님의 영이 있다.

따라서 몇몇 사람이 자신의 영성에 불만을 느끼는 이유는 자신에게 생명이 있고 건강하다고 믿지만 실제로는 영적으로 죽은 시체이기 때문이다. 성령님이 당신 안에 거주하시며 당신이 영원한 영적 생명을 소유했다고 당신이 확신하는 근거는 무엇인가? 당신은 성령님이 있는 자에게 동반된다고 성경이 말하는 특징을 아는가(요 16:8-10,14; 갈 5:22-23)? 또한 하나님이 주신 영적인 생명의 표징은 무엇인가(요한일서 참조)? 당신의 삶에서 이러한 요소들을 볼 수 있는가?

영적 생활을 단순화하기 전에 자신이 영적으로 살아 있는지를 먼저 확인하라.

3

기독교 영성이라는 좋은 소식을 알라

이 땅에 살아가는 사람 대부분은 기독교 영성이라는 좋은 소식을 전혀 들어보지 못했다. 하지만 교회에 다니는 많은 사람도 기독교 영성을 분명하게 제시받아본 적이 있는지 의문이다. 또 기독교 영성이라는 말을 수없이 들어본 사람도 이에 관한 질문을 받으면 자신 없어 한다.

기독교 영성은 성경에서 가장 중요한 한 단어로 시작한다. 바로 복음이다. 이는 문자 그대로 "좋은 소식"을 의미하는 신약의 헬라어를 우리 말로 옮긴 단어이다. 그런데 복음이 기독교에 그렇게나 필수적이건만, 교회 모임에 가서 "복음이 무엇입니까?"라고 물을 때마다, 난감해하며 침묵을 지키는 사람들의 모습을 종종 마주하게 된다.

당신에게도 묻겠다. 당신이 복음을 한 단락 남짓의 글로 써서 이메일 또는 편지로 친구에게 보내야 한다고 하자. 이 일을 할 수 있겠는가? 자신 있게 할 수 있는가? 왜 그것이 "좋은 소식"인가?

성경에서 복음을 축약하는 말씀 중 한 부분이 고린도전서 15장 1-8절이다. 이 구절의 핵심은 이렇다. "성경대로 그리스도께서 우리 죄를 위하여 죽으시고 장사 지낸 바 되셨다가 성경대로 사흘 만에 다시 살아나사"(3-4절). 그렇기 때문에 진정한 기독교 영성을 만들어 내는 복음이란 예수 그리스도께서 죽으셔서 죄인의 죄책과 하나님의 분노를 담당하시고 죽은 자 가운데서 육체로 부활하셨으며, 아버지께서는 다른 이를 대신하는 예수 그리스도의 죽음을 받으시고 그들의 죄를 없이하셨다는 것이다. 죄인을 위한 그리스도의 대속 죽음은 그분이 보이신 사랑의 표시이며, 그리스도께서 죽은 자 가운데서 부활하심은 그분이 말씀하시고 행하신 모든 것이 진리라는 놀라운 확언이다.

이것이 좋은 소식이다. 그것도 가능한 최고로 좋은 소식이다. 왜냐하면 수없이 저항하며 죄를 범한 우리를 하나님이 자신에게로 이끄시고 우리와 친밀한 관계를 맺고 싶어 하신다는 점을 분명히 보여주기 때문이다. 이는 하나님께서 우리가 스스로 할 수 없는 일을 그리스도 안에서 이루셨다는 뜻이다. 즉 우리를 위해 문을 열어주셔서 믿음에 들어서게 하시고 하나님과 친교를 나눔으로써 형언할 수 없는 부요함을 모두 경험하게 하셨다. 그리고 그렇게 함으로써 우리가 "신성한 성품에 참여하는 자"(벧후 1:4)가 되게 하셨다.

당신은 이 좋은 소식을 아는가? 경험으로 아는가?

4

당신의 영혼을 "그리스도를 향하는 진실함과 깨끗함"에 두라

1849년 3월 29일 아직 어둑어둑한 이른 아침, 버지니아주 리치몬드의 어느 마음 따뜻한 가게 주인이 노예가 담긴 상자 뚜껑에 못질을 하고 있었다. 90킬로그램의 남성이 가로 95센티미터 세로 60센티미터 깊이 75센티미터 크기의 상자에 몸을 접고 들어가 있었다. 숨막히는 어둠 속에 처박아진 채로 이 노예는 기차 짐칸, 증기선, 마차를 거쳐 560킬로미터에 달하는 가혹한 이동을 견뎌냈다. 헨리 "박스" 브라운은 스물 일곱 시간 후 필라델피아의 어느 노예 폐지론자의 사무실에서 시체와 같이 감금된 상태에서 나와 자유인으로서 삶을 시작한다. 이 놀라운 사건을 실은 기사는 셀 수 없이 많은 노예들에게 희망을 북돋았다.

모든 사람이 죄의 노예로 태어난다. 예수 그리스도는 말씀하셨다. "진실로 진실로 너희에게 이르노니 죄를 범하는 자마다 죄의 종이라"(요 8:34). 우리는 이 강압적인 주인으로부터 스스로를 해방할 수 없다. 왜냐하면 아무도 하나님께 죄를 짓지 않고 살 수 없기 때문이다. 하지만 죄 없으신 예수님이 자신을 위해서가 아니라 남을 위해서 하늘로부터 오셔서 자기 백성을 구원하셨다. 예수님은 불경한 자들이 자신을 로마 십자가에 못박도록 허락하셨고, 삼일 후에 죽은 자 가운데서 살아나셔서 "다시는 우리가 죄에게 종 노릇 하지 아니하[게]"(롬 6:6) 하신다. 그리고 그분이 하신 일이 자유로 향하는 길임을 신뢰하는(자신의 행위는 신뢰하지 않고) 모든 자는 죄에서 해방된다. 예수님은 선포하셨다. "그러므로 아들이 너희를 자유롭게 하면 너희가 참으로 자유로우리라"(요 8:36).

헨리 브라운이 평생 그 상자로 돌아가는 악몽을 꾸지는 않았는지 궁금하다. 나는 그리스도인들이 죄에 따르는 모든 형벌에서 자유하게 되었고 하나님이 보시기에 의롭다 선포되었지만, 때로는 영적으로 밀실공포증을 느낀다는 사실을 분명히 안다. 마치 예수님을 알기 전에 그들을 구속했던 결박 상태로 돌아가는 것만 같다. 하나님께 용서받은 사람들도 죄악된 선택과 행위로 인해 이렇게 느낄 수 있다. 하지만 믿는 자들이 영적인 자유라는 달콤한 공기를 숨쉬지 못하는 다른 이유들도 있다.

당신이 영적으로 상자에 갇힌 것처럼 느끼고 있다면, 아마도 사도 바울이 몇몇 영혼에게 있을까 두려워했던 일을 경험하고 있기 때문일지 모른다. "너희 마음이 그리스도를 향하는 진실함과 깨끗함에서 떠나 부패할까 두려워하노라"(고후 11:3). 바울의 편지를 읽은 사람들은 "다른 예수"(4절)에 관한 메시지로 혼란스러운 상태였다.

다른 말로 하자면 사람들이 와서 예수님에 관한 설교를 했는데 사도 바울과는 다르게 이야기한 것이었다. 많은 사람은 다음과 같이 추론한다. 즉 거짓 교사들이 그리스도에 대해서 전한 내용 때문에 고린도 사람들이 예수님은 덜 바라보고 자신의 선행과 영성을 더 바라보게 되었다는 것이다. 그러면서 그들은 자연스럽게 "그리스도를 향하는 진실함과 깨끗함에서 떠나" 버렸다.

그리스도인에게 이러한 일이 벌어질 때마다 영적 생활은 곧 짐이 되어버린다. 그는 아무 기쁨도 주지 못하는 의무의 노예가 되어 "상자에 다시 갇힌" 것처럼 느낀다. 그리스도를 향한 사랑으로 영혼이 새로워지고 황홀함을 경험하기는커녕 그의 영성은 복잡해지고 아무런 성취감을 주지 못한다. 영적 생활은 지나치게 분주한 삶에 "해야 할 또 다른 일 한 가지"를 더한 것에 지나지 않게 된다. 만약 당신이 그렇다면, 당신이 이러한 결박에 갇혀 있다고 느껴진다면, 당신의 영혼을 새롭게 "그리스도를 향하는 진실함과 깨끗함"에 두라. 하나님이 당신에게 요구하시는 모든 것을 만족케 하시는 분으로 그리스도를 바라보라. 당신의 영적 습관을 재발견하여, 지켜야 할 요구사항을 점검하는 수준에 머무르지 말고 그리스도를 경험하고 즐기는 수단이 되게 하라.

하지만 자신이 아는 한 진심을 다해, 하나님께 자신을 바르게 보이기 위해서뿐 아니라 자신을 바르게 지키기 위해 시선을 그리스도에게만 두었는데도 영적으로 상자에 갇혀 있다고 느끼는 독자들이 있을지 모른다. 삶의 여러 책임이 너무나 막중하여 영성을 지키는 습관들조차도 가련한 존재의 짐과 복잡함을 더할 뿐이다. 그들은 영적으로 완전히 말라버려 뿌리까지 뽑혀버린 상태와 같다. 만약 당신이 그러한 상황이라면 이 책을 넘기면서 그리스도를 향한 헌신이 더 단순하고 순수해지기를 기도한다. 그리고 그렇게 하다 보면 당신 영혼에 그리스도의 부드러움과 사랑이 새롭게 돌아왔음을 느끼게 될 것이다.

5
참된 영성을 실천하라
———

우리가 더 단순한 영성을 탐구하는 작업을 할 때 용어를 정의하는 일은 매우 중요하다. 나는 영성이란 예수 그리스도를 통해 성령님의 능력으로 하나님의 자기 계시(즉 성경)를 따라서 하나님과 하나님의 것을 추구하는 것이라고 믿으며 이 글을 쓴다.

골로새서 2장 16절부터 3장 2절에서 사도 바울은 참된 영성에 관해 영감받은 지침을 제공한다. 골로새의 거짓 교사들은 영성이란 예수님을 통해 하나님을 추구하는 것뿐 아니라 천사 및 다른 형태의 신비적인 경험을 추구하는 것과 관계있다고 말했다. 그들은 수많은 정교한 의식과 금욕 행위를 가르치며 영성을 진지하게 여기는 사람은 그것들을 준수해야 한다고 가르쳤다.

사도 바울은 "이런 것들은 자의적 숭배와 겸손과 몸을 괴롭게 하는 데는 지혜 있는 모양이나" 실상은 "육체 따르는 것을 금하는 데는 조금도 유익이 없느니라"(2:23)고 말한다. 다른 말로 하자면 이러한 행위들은 참된 영성의 지표처럼 보일지 모르지만 한 사람의 마음 또는 한 사람이 하나님과 맺은 관계를 바꾸는 데는 아무런 가치가 없다는 뜻이다.

하지만 그러고 나서 바울은 성경이 말하는 영성의 기초로 우리를 인도한다. "그러므로 너희가 그리스도와 함께 다시 살리심을 받았으면 위의 것을 찾으라 거기는 그리스도께서 하나님 우편에 앉아 계시느니라 위의 것을 생각하고 땅의 것을 생각하지 말라"(3:1-2).

일반적으로 많은 사람이 사람은 본래 "영적"이라고 생각한다. 이와 달리 바울의 가르침은 영성에 분명한 출발 지점이 있다고 한다. "그러므로 너희가 그리스도와 함께 다시 살리심을 받았으면." 이 말씀은 우리가 믿음으로 예수 그리스도와 연합했다는 것을 의미한다. 즉, 그분의 삶과 죽음과 부활에 연합했다는 것을 말한다. 한 사람이 영성의 출발점에 서기 전에는, 즉 그리스도와 연합한 결과로 얻게 되는 유익인 영생과 성령의 내주하심을 받기 전까지는, 그가 아무리 노력하고 열망하더라도 진정한 영성은 전혀 존재하지 않는다.

또 진정한 영성은 하나님의 것을 추구한다는 점을 주목하라. 아니 보다 구체적으로 말하자면, 진정한 영성은 그리스도께서 계신 위의 것을 추구한다. 모든 일에서 하나님의 뜻과 영광, 그리스도와 친밀해짐 및 닮아짐, 사랑 등을 추구하지 않는 영성, 또는 다른 무엇보다도 우선 이러한 목적을 추구하지 않는 영성은 무엇이 되었든 거짓 영성이다.

하지만 참된 영성은 단지 바른 행동을 하도록 마음을 움직이기만

하는 정도가 아니다. 생각도 바른 방향으로 끌어당긴다. 2절에서 바울은 계속 말한다. "위의 것을 생각하고 땅의 것을 생각하지 말라." 참된 영성의 특징은 "위의 것"에 사로잡힌 마음이다. 그리고 "위의 것"은 우리가 상상하는 것이 아니라 하나님이 성경에서 드러내신 것이다. 그렇다고 우리가 땅의 것을 전혀 생각하지 말아야 한다는 의미는 아니다. 바울은 몇 절 후인 3장 18절부터 이 책 끝까지 이 문제를 길게 다루기 때문이다. 오히려 하늘에서 흘러나오는 영성이란 "위의 것"이 우리 마음에 자석으로 작용하도록 만든다. 그래서 우리가 무엇을 생각하든지 결론적으로 어떻게든 "위의 것"과 연결하게 만든다. 예를 들어 우리는 종종 스스로 다음과 같은 질문을 던지고 있는 자신을 발견한다. "주님께서 이 상황에서 내가 무슨 일을 하도록 하신 걸까?" 또는 "하나님은 이 일을 어떻게 보실까?"

지혜의 모양은 있지만 그리스도로 시작하지 않는 복잡한 영성에 속지 말라. 다만 "지혜와 지식의 모든 보화가 감추어져"(2:3) 있는 그리스도로 시작하라. 아무리 좋아 보여도 당신의 생각과 마음을 "위의 것"에서 멀어지게 만드는 어떠한 영적 습관에도 얽매이지 말라.

6
단순화하는 이유를 알라

—

왜 당신은 영적 생활을 단순화하고 싶어 하는가? 시간을 절약하기 위해서인가? 삶에 대한 통제력을 조금이라도 회복하기 위해서인가? 삶을 조직화하기 위해서인가? 아니면 그저 조금이라도 덜 바쁘려고?

이 모든 것은 단순화를 추구할 이유가 될 만 하지만 부차적인 것들이다. 단순한 영성을 추구하는 주된 이유는 "그리스도를 향하는 진실함과 깨끗함"(고후 11:3)에 있다. 영적인 심플 라이프를 추구하는 다른 어떤 동기도 이 목적에 부합해야만 한다.

우리는 그저 덜 바쁘기 위해서 단순화하지 않는다. 덜 바쁘기를 추구하는 일이 옳더라도 말이다. 오히려 우리는 그리스도를 추구하는 일을 방해하는 것들을 제거하기 위해 단순화한다. 우리는 삶에서 여러 행위를 가지 친다. 그저 삶을 조직화하기 위해서가 아니라 그리스도께 대한 헌신과 그의 나라를 섬기는 일에 더욱 결실을 맺으려고 그렇게 한다. 우리는 그저 시간을 절약하기 위해서가 아니라 그리스도를 아는 일에 헌신할 시간을 방해하는 장애물을 제거하려고 단순화한다. 우리가 단순화하는 모든 이유는 궁극적으로 예수 그리스도로 향해야 한다.

진 플레밍은 그의 저서 『월든과 회오리바람 사이에서』*Between Walden and the Whirlwind*에서 "그리스도를 향하는 진실함과 *깨끗함*"의 예로 사도 바울의 삶과 편지를 제시한다. "사도 바울의 중심은 분명히 그리스도였다. 바울의 글은 절대로 그리스도에서 벗어나는 법이 없었다. 그의 글은, 한결같고 변함없는 망치를 들고 삶이라는 모루를 내려치는 소리로 가득하다. 즉 삶이란 그리스도 안에 있고, 그리스도께 속해 있고, 그리스도로 말미암으며, 그리스도에 의하였고, 그리스도와 함께하고, 그리스도를 위하며, 그리스도에게서 나온다. 사는 것은 그리스도이며 죽는 것은 더욱 그리스도이다."[2]

우리가 하는 모든 일의 궁극적인 이유는 그리스도가 되어야만 한다. 당신이 영적 생활을 단순화하기 원하는 이유도 바로 그분인가?

7
기억하라, 이것은 예수님에 관한 것이다
—

왜 당신의 기도가 응답되지 않는다는 사실이 분명해지는 것 같을 때에도 기도하는가? 왜 성경에서 얻는 게 거의 없는 것 같을 때에도 성경을 계속 읽는가? 왜 어떠한 영적인 회복이 느껴지지 않을 때에도 은밀히 하나님을 계속 예배하는가? 왜 기록하는 일이 지겨워도 일지를 고집스럽게 작성하는가? 왜 당신은 무미건조하고 유익이 거의 없다고 느낄 때도 금식, 침묵, 고독, 섬김 등 영적 훈련에 참여하는가?

영적 생활에 따르는 행위가 습관처럼 되었다면 그 참된 목적을 잊어버리기 쉽다. 그리고 목적 없이 수행하는 영적 습관은 우리 영혼을 움츠러들게 하는, 판에 박힌 일이 되고 만다.

사도 바울은 이러한 현상이 고린도의 그리스도인들에게 일어나고 있음을 우려하며 편지를 쓴다. "뱀이 그 간계로 하와를 미혹한 것 같이 너희 마음이 그리스도를 향하는 진실함과 깨끗함에서 떠나 부패할까 두려워하노라"(고후 11:3). 헌신의 방향이 "그리스도를 향하는" 것임을 주목하라. 영성은 그 자체가 목적이 아니다. 목적은 예수님이다.

우리가 이 신인^{God-Man}, 즉 그리스도로 부름 받으신 이 예수님이 누구신지 깨닫기만 한다면 왜 영적 생활이 그분에 관한 것인지 이해하게 된다. "그는 몸인 교회의 머리시라 그가 근본이시요 죽은 자들 가운데서 먼저 나신 이시니 이는 친히 만물의 으뜸이 되려 하심이요."(골 1:18). 예수님은 우리의 영성을 포함한 "만물"의 "으뜸"이 되셔야만 한다.

이러한 이유로 하나님은 바울을 감동하여 우리에게 이렇게 전하도록 하셨다. "경건(즉, 그리스도 닮음)에 이르도록 네 자신을 연단하라"(딤전 4:7). 우리의 모든 영적 훈련은 그리스도를 닮는 것을 목표로 수행되어야 한다. 우리는 그리스도께서 행하신 훈련을 동일하게 행하며 그리스도와 외적으로 일치하기를 추구한다. 하지만 더욱 중요한 것은 영적인 훈련을 통해서 그리스도를 바라보며, 예수님과의 친밀함을 추구하고, 그리스도를 닮기 위해 내면의 변화를 추구하는 일이다.

따라서 우리가 성경을 볼 때 예수님이 우리에게 무엇을 말씀하시는지, 성경이 우리에게 예수님을 누구라고 하는지, 우리가 어떻게 예수님께 반응해야 하는지, 우리가 예수님을 위해 무엇을 해야 하는지 등을 중점적으로 살펴야 한다. 우리는 기도할 때 예수님의 이름으로 기도한다(요 14:13-14 참고). 즉 우리는 예수님의 의(우리의 의로움이 아닌) 안에서 하나님 앞에 나와서, 예수님이 우리의 상황에서 기도하셨을 내용으로 기도해야 한다. 그 어떤 영적 훈련을 행하는 영원한 목적은 반드시 그리스도께서 중심이 되셔야 한다. 진정한 그리스도인의 영성은 예수 그리스도에 관한 것이다.

8

날마다 당신의 십자가를 지고 예수님을 따르라

———

1500년대 종교개혁 당시 마르틴 루터는 하나님을 아는 것에 관한 두 가지 접근방식을 구분하여 제시했다. 이것은 세월이 흘러도 변하지 않을 방법이다.

그는 한편을 "영광의 신학"이라 칭하고, 인간의 선함, 종교 활동, 신비 체험 또는 인간 이성을 통해 하나님을 아는 영광스러운 지식을 얻을 수 있다고 믿는 사람들이 이에 해당한다고 했다. 이러한 견해에 따르면, 하나님은 축복, 승리, 성공, 기적, 능력 등 "영광"에 전율하는 체험을 통해 자신을 드러내신다.

반대로 루터는 하나님을 아는 성경적 방식은 "십자가의 신학"을 통하는 것이라고 논한다. 하나님은 인간의 지혜가 그분을 찾으리라 예상하지 못하는 지점에 자신을 "숨기신다." 즉 인간 예수 그리스도께서는 낮아지시고 고난받으심으로, 특히 십자가에서 굴욕적인 죽임을 당하심으로 그렇게 하셨다. 루터는 이렇게 표현한다. "하나님에 관한 참된 신학과 인식은 십자가에 박히신 그리스도 안에 있다."[3] 따라서 우리의 노력과 지혜 및 자신이 주도한 경험을 통해 하나님께 올라가서 하나님을 찾는 것이 아니다. 하나님은 예수님 안에서 자신을 낮추셨고, 아무도 예상하지 못한 장소인 십자가에 예수님의 영광을 두어, 믿음으로만 그분을 발견할 수 있게 하셨다.

우리에게는 본성적으로 영광의 신학을 통해 그분을 찾으려는 경향이 있다. 우리는 빌립 사도와 마찬가지로 이렇게 말한다. "주여 아버지를 우리에게 보여 주옵소서 그리하면 족하겠나이다." 하지만 예수님은 하늘에 계신 아버지의 환상을 보여주지 않으셨다. 오히려 가난하고 소박한 사람인 자신을 가리키며 말씀하신다. "나를 본 자는 아버지를 보았거늘"(요 14:8-9). 영광의 신학은 예수님의 대적과 궤를 같이한다. "지금 십자가에서 내려올지어다 그리하면 우리가 믿겠노라"(마 27:42). 예수님은 능력을 놀랍게 보이시며 십자가를 폭발시키시고 하늘에서 거대한 천사 부대를 소환하여 자신의 신성을 입증할 수도 있으셨다. 하지만 예수님은 자신의 일이 마무리될 때까지 십자가에 머물러 계셨다.

그 십자가는 하나님이 예수 그리스도를 통해 행하신 모든 일의 중심에 있다. 이는 세상이 약하고 어리석다고 여기는 것에서 하나님의 능력과 지혜가 나타난 최고의 본보기이다(고전 1:18-25 참고). 그리고 누구든지 하나님을 알기 원하는 자는 반드시 십자가에 못 박히신 그리스도 안에서 하나님을 찾아야만 한다.

하지만 이 십자가는 처음에 그리스도를 아는 일만큼이나 이후 그리스도를 따르는 일에도 핵심이다. 예수님이 우리를 초대하신 문구에 있는 '날마다'라는 단어에 주목하라. "또 무리에게 이르시되 아무든지 나를 따라오려거든 자기를 부인하고 날마다 제 십자가를 지고 나를 따를 것이니라"(눅 9:23).

예수님이 아버지의 뜻을 행하기 위해 기꺼이 십자가로 가셨기에 (빌 2:8 참고), 우리도 반드시 예수님을 따라 기꺼이 십자가로 가야만 한다. 날마다 그분의 뜻에 반하는 모든 욕망에 대해 죽고 날마다 그분을 위해 살아야 한다. 우리가 예수님의 부활과 승천으로 시작되는 영광을 이야기하는 것도 사실이지만, 이 세상에서 그분과 하나가 되어 그분을 따르는 일에는 고난이 수반된다. 사실 이 세상에서 십자가를 지는 일에는 끝이 없다.

십자가 신학은 십자가를 그 기준점으로 제시함으로 영적 생활을 단순화한다. 그리스도인의 영성에 관한 모든 것은 십자가와 관련있다. 십자가를 통해서 우리는 영성을 시작한다. 또 십자가의 능력과 본으로서 우리는 영성을 살아간다. 성경이 가르치는 십자가를 통해 하나님을 새롭게 보여주시길 하나님께 구하라. 그리고 당신 삶의 영역 어디에 이 신학을 새롭게 적용해야 할 필요가 있는지를 알려주시길 구하라.

9
성경에 영성의 뿌리를 내리라
———

한 여성이 말하길 꿈대로 했더니 수백 달러를 아꼈다며 이렇게 물었다. "분명히 하나님이 하신 일이죠. 그렇지 않나요?"

그럴 수도 있다. 어쨌든 하나님은 분명히 꿈을 허락하신다. 하지만 하나님이 그 일을 직접 일으키셨다고 누가 감히 말할 수 있는가?

나는 그리스도인이 그런 식의 예기치 못한 하나님의 역사를 경험할 수도 있다는 사실을 부인하지 않는다. 사실 나는 성령님이 매일 모든 믿는 자의 마음에 하나님과 하나님의 것에 대한 생각을 일으키신다고 확언한다.[4] 우리가 차를 탈 때 성령님은 설교 때 들었던 무언가가 떠오르게 하실지 모른다. 또 예수님이 다시 오신다는 사실이 생각나게 하실지도 모르고 가족이나 선교사를 위해 기도하게 하실 수도 있다. 우리의 역할은 성령님이 촉발하신 이러한 생각들을 일구는 것이다. 그리고 그렇게 할 때 하나님과 함께하는 놀라운 경험을 하게 된다. 여기에 덧붙여 기도 중에 주님을 만나기도 하는

데, 주님은 마치 공기같은 그분의 임재를 지각할 수 있게 해주신다.

하나님과 맺는 이러한 종류의 경험들은 정당하다. 하지만 그것 자체는 신뢰할 수 없고 충분하지 않다. 오히려 성경으로 유도된 하나님과의 만남이 우리 영성에 가장 우선이 되어야 한다. 그리고 성경만이 모든 영적 경험을 평가하는 기준이 되어야 한다.

예수님은(제자들도) 사람들에게 하나님이 주시는 꿈이나 감동을 추구하라고 강조하지 않으셨다. 오히려 성경을 전하고 가르치며 다니셨다(예를 들어. 막 1:14-15 참고). 예수님은 신비 체험에 따라 살라고 하지 않으셨다. 오히려 "하나님의 입으로부터 나오는 모든 말씀으로 살 것이라"(마 4:4)고 하셨다. 베드로 사도는 하나님이 "그 보배롭고 지극히 큰 약속을 우리에게 주사 이 약속으로 말미암아… 신성한 성품에 참여하는 자가 되게 하려 하셨느니라"(벧후 1:4)고 말한다.

따라서 하나님을 만나는 주요한 방식은 성경을 통하는 것이다. 성경 말씀을 통해서 하늘의 능력이 초자연적인 하나님의 빛을 우리 마음에 비추어서 우리 마음에 하나님을 향한 열렬한 사랑을 불붙인다.

어떻게 이러한 일이 발생하는가? 성령님이 내주하시면 우리는 성경을 통해 사람이 절대 할 수 없는 방식으로 우리를 먹이고, 격려하고, 희망을 주는 하나님의 말씀을 듣는다. 우리는 골로새서 3장 4절에서 말하는 "우리 생명이신 그리스도"를 읽는다. 그리고 이를 묵상할 때 마치 꽃이 자연스럽게 해를 향하는 것처럼 우리 마음도 그리스도를 향한다. 그리스도는 우리 영을 되살리시고 감사와 경탄의 마음을 일으키신다. 그분의 사랑은, 그분을 위해 살고 그분을 이야기해야겠다는 열정을 새롭게 한다. 이것이 우리가 정기적으로 필요로 하는 종류의 영적 경험이다. 그리고 그분이 우리에게 계시하신 방식, 즉 성경을 통해서 우리가 그분을 구할 때 가장 신뢰할 수 있게 이러한 영성이 임한다.

하나님과 맺는 다른 모든 경험 중 성경으로 시작하지 않은 경험은 반드시 성경으로 분별되어야만 하고 해석되어야만 한다. 따라서 숨 막히게 아름다운 노을, 빛나는 별빛, 소나무 향기, 아이들의 웃음소리 등이 우리를 하나님과 교제로 안내할 때, 우리는 이러한 경험을 통해 최대한 하나님을 즐겨야 한다. 하지만 그러한 경험에서 우리가 하나님을 배우고, 확언하고, 향유하는 모든 것은 그것이 만일 하나님께로부터 나온 것이라면 반드시 성경에서 그분이 스스로를 계시하신 내용과 일치해야 한다. 우리는 노을의 아름다움에 경탄하며 이렇게 외칠 수 있다. "하나님은 너무나 좋으시다!" 이 진술은 참이다. 하지만 우리가 그렇게 느낀다고 해서 참인 것이 아니라 성경이 하나님은 좋으시다고 말하기 때문에 참인 것이다. 우리의 경험이 성경이 참인지 아닌지를 결정하지 않는다. 오히려 성경이 우리의 경험이 참인지 아닌지를 결정한다.

모든 영적 경험을 하나의 기준으로 평가하는 일은 영적 생활을 단순화한다. 그 기준은 바로 성경이다.

10
삼위일체 영성을 터득하라

언젠가 어느 TV 스타의 말을 인용한 기사를 읽었다. 그는 이렇게 말했다. "나는 내가 영적인 사람이라고 생각해요." 요즘 거의 모든 사람이 "영성에 빠져 있다." 나는 무신론자 상당수가 자신을 "영적인" 사람으로 생각한다는 조사결과도 봤다. 그들이 말하는 영적인 사람이란 다른 뜻이 아니다. 그들은 자신들이 종종 직관에 의지하고, 결정을 내릴 때 감정을 중요하게 여기며, 순전히 물질적인 인생관은 배격하려고 노력한다는 의미로 그 말을 사용한다.

하지만 영성은 자신의 영혼을 관조하기를 배우는 것보다 훨씬 더 높은 것을 의미한다. 영성이란 무형의 가치나 원칙을 따라 살려는 노력도 훨씬 넘어선다. 오늘날 유행하는, 자기 스스로 정의하는 영성과 대조적으로 참된 영성은 무엇보다도 하나님을 중심에 둔다. 하나님 없는 영성은 그게 무엇이든 다른 이름으로 포장된 자아 숭배에 불과하다. 그런 영성은 궁극적으로 자아에 집중하는 것이며,

실제로도 "중심에 두기" 같은 용어를 많이 사용한다. 하지만 이렇게 중심에 두는 대상은 자아이지 하나님이 아니다.

성경의 영성은 삼위일체 영성이다. 성경적 영성은 삼위일체 하나님께 집중한다. 우리는 성자 하나님을 통해 성부 하나님께 닿을 수 있고, 성자 하나님은 성령 하나님에 의해 높임 받으신다.

예수님은 우리에게 영생은(영성의 궁극) 성경에 계시된 참 하나님을 아는 것이라고 말씀하셨다. 예수님의 제자들은 예수님이 이렇게 기도하시는 것을 들었다. "영생은 곧 유일하신 참 하나님과 그가 보내신 자 예수 그리스도를 아는 것이니이다"(요 17:3). 하지만 예수님은 아버지께 나아가는 유일한 길이 자신을 통하는 것이라고 분명히 밝히셨다. "내가 곧 길이요 진리요 생명이니 나로 말미암지 않고는 아버지께로 올 자가 없느니라"(요 14:6). 더 나아가 예수님은 자신이 하늘로 돌아가면 성령님이 오실 것이고, 성령님의 역할은 예수님을 높이는 것이라고 말씀하셨다. "내가 아버지께로부터 너희에게 보낼 보혜사 곧 아버지께로부터 나오시는 진리의 성령이 오실 때에 그가 나를 증언하실 것이요"(요 15:26). 다른 말로 하면 성령님은 예수님에 대한 관심을 일으키고 자신이 영향을 미치는 자들로 하여금 예수님을 사랑하고 순종하게 하신다.

모든 형태의 유사 영성 pseudo-spirituality 은 그저 자기 노력, 자기 사랑에 불과하며 공허하다. 영성에 열정을 품는 일은 좋다. 하지만 그 열정이 "올바른 지식을 따른 것이 아니"라면(롬 10:2), 즉 하나님이 말씀을 통해서 주시는 지식이 아니라면 영적 신기루에 불과하다. 더 단순한 영성을 열망하는 일도 좋다. 하지만 성경의 가르침보다 더 단순한 영성도 잘못이다. 하나님, 즉 유일하고 참되신 하나님이 없는 어떠한 영성에서도 떠나라. 예수 그리스도와 성령님이 없는 어떠한 영성에서도 떠나라. 삼위일체 영성을 받아들이라.

11
회중 영성을 경험하라
——

"나는 하나님과 영성을 원합니다. 하지만 교회는 아니에요."

어느 때보다 많은 사람이 이런 소리를 한다. 영성은 좋지만 교회는 싫다는 말이다. 왜 그러한가? 어떤 이는 교회에서 겪었던 예전의 고통스러운 기억 때문에 교회를 멀리한다. 또 어떤 이는 교회에 생겨나는 문제를 보며 교회 출석이라는 귀찮은 일을 감내할 가치가 없다고 생각한다. 많은 사람에게 교회는 본인의 영성에 아무런 의미가 없거나 전혀 도움이 되지 않는 것처럼 보인다. 그리고 아마도 대부분은 이렇게 간단히 말할 것이다. "저는 교회 가기에 너무 바빠요."

성경은 교회를 배제하는 영성 개념에 대해 구체적으로 다룬다. 우선 하나님은 원하지만 교회는 원하지 않는다는 사람은 요한일서 3장 14절 말씀을 잘 이해해야 한다. "우리는 형제를 사랑함으로 사망에서 옮겨 생명으로 들어간 줄을 알거니와." 그리스도인 형제와 자매를 위해 희생하는 사랑은, 그리스도를 통해 영적인 사망에서 생명으로 옮겨졌다는 가장 확실한 최고의 증거다. 하나님의 사람을 사랑한다고 주장하면서 그들과 정기적으로 모이는 일을 피하는 사람은 이 가족의 아버지와 자신의 관계를 재점검해야만 한다.

두 번째, 예수님을 "주님"으로 부르는 사람은 누구나 하나님의 말씀의 권위에 순종해야 한다. 그리고 "모이기를 폐하는 어떤 사람들의 습관"(히 10:25)을 경고하는 하나님의 말씀에도 그리해야 한다. 신약은 오늘날과 같이 개인화된 영성을 전혀 알지 못했다. 또 지역교회와 분리되어 존재하는 기독교도 전혀 알지 못했다.

또 교회란 사람의 발상이 아닌 예수님의 발상이라는 점을 기억해야 한다. 더 나아가 교회는 예수님의 몸이다. 사도 바울은 우리에게 상기시킨다. "그리스도께서 교회의 머리 됨이…우리는 그 몸의 지체임이라"(엡 5:23, 30). 때로 그렇지 않아 보일지라도 그리스도의 몸은 머리에서 분리되지 않았다. 예수님은 여전히 교회의 머리시다. 왜 이 땅에서 예수 그리스도가 머리 되신 유일한 조직에 적극적으로 참여하려 하지 않는가? 예수님이 가장 먼저 주신 약속이 "내 교회를 세우리니"(마 16:18)라는 것이라면, 왜 예수님 자신이 세우시는 곳에 참여하려 하지 않는가?

예수님 자신이 보이신 예를 생각해보라. 그분은 영적인 독고다이가 아니셨다. 열두 제자가 항상 그분과 함께 이동했고, 예수님은 종종 그들을 가르치셨고, 여러 사역도 병행하셨다. 더 나아가 누가복음 4장 16절은 이렇게 말한다. "안식일에 늘 하시던 대로 회당에 들어가사 성경을 읽으려고 서시매." 왜 예수님은 안식일마다 늘 회당에 가셨을까? 예수님도 하나님의 말씀을 듣고, 하나님을 예배하고, 거기에서 하나님의 백성과 친교를 맺으셨다.

이렇게 회중의 영성에 참여해야 우리 개인의 영성이 세워진다. 우리가 설교와 가르침으로 공급을 받고, 성찬에 참여하며, 하나님의 백성과 함께 찬양하고, 기도하고, 하나님의 것을 이야기할 때, 성령님은 우리가 혼자일 때는 일어나지 않는 방식으로 우리를 강하게 하신다.

따라서 참여하고, 함께하고, 예배하고, 배우고, 베풀고, 교제를 나누라. 그러면 하나님의 말씀에 신실한 그리스도의 몸 안에서 영성이 잘 자라날 것이다. 당신의 영적 생활을 단순화하는 데 도움을 베풀 선생들과 본을 찾으라. 그렇게 하지 못한다면 교회에서 이 주제에 관해 논하거나 책을 연구할 소그룹을 어떤 식으로든 시작하라.

기독교 영성은 고립주의도 아니고 자아에 함몰된 영성도 아니다. 참된 영성은 상호 관계를 중요시하는 영성이다. 하나님을 향하는 관계뿐 아니라 하나님의 백성들과 함께하는 관계도 중요하다. 잠언 18장 1절은 이렇게 가르친다. "무리에게서 스스로 갈라지는 자는 자기 소욕을 따르는 자라 온갖 참 지혜를 배척하느니라." 스스로를 하나님의 백성에게서 고립하지 말라. 하나님을 받아들이고 영성을 받아들이는가? 그렇다면 교회를 받아들이라. 그것이 하나님의 계획이다. 그분의 방법은 우리가 고안한 그 어느 방법보다도 단순하며 우리 영혼에 유익하다.

12
단순성을 천국으로 착각하지 말라

——

당신은 영성에 관한 책이라면 적어도 일정 부분은 천국이라는 주제에 할애하리라 기대했을 것이다. 그리고 영성을 단순화하자는 책이라면 더욱이 그러하다. 그 이유는 단순성을 증진하는 운동을 지지하는 책자들 중 일부가 결국은 단순한 생활이 천국 자체인 것처럼 믿도록 우리를 끌고가기 때문이다. 하지만 단순성은 천국이 아니다. 오직 천국만이 천국이다.

　단순성의 추구는 대부분 실제로 천국에서만 발견할 수 있는 대상에 대한 추구이다. 우리 심장은 더 나은 세상을 향한 열망으로 박동한다. 하나님이 우리의 마음을 만드셨고 그 안에 그러한 열망도 함께 두셨기 때문이다. 하나님은 우리에게 존재하는 가장 깊고도 끈질긴 열망을 고안하셨다. 그리고 그 열망은 우리가 천국에서 하나님과 누릴 상상할 수 없는 영화로운 성취를 향해 나가도록 우리를 이끈다.

하지만 우리에게는 사람과 상황과 행위를 적절하게 조합할 수만 있다면 마음의 열망이 만족되리라고 믿는 경향이 있다. 따라서 우리는 솔로몬과 같이(특별히 전도서 1:12-2:17을 보라), 한 가지 대상을 추구하다가 또 다른 대상을 추구한다. 다음 대상은 우리가 갈망하는 행복과 성취감을 주리라 믿으며 그렇게 한다. 하지만 우리가 누구를, 또 무엇을 얻든지 우리는 곧 그 남자, 그 여자, 또는 그 대상이 우리가 추구하던 완벽한 만족을 가져다주지 못한다는 사실을 깨닫는다. 그리고 솔로몬과 마찬가지로, 계속해서 "해 아래에서…모두 다 헛되어 바람을 잡으려는 것"(1:14, 2:17)에 불과하다는 사실을 발견할 뿐이다.

그래서 우리는 행복을 추구하는 가운데 우리에게 없는 요소가 단순성이라는 사실을 납득한다. 또 하나님이 성경을 통해 우리가 일종의 단순성을 향해 나가도록 만드시는 것도 참이다. 예를 들어 예수님은 "먼저 그의 나라와 그의 의를 구하라 그리하면 이 모든 것(음식, 음료, 옷과 같은)을 너희에게 더하시리라"(마 6:33)고 가르치신다. 그리고 만약 우리가 이렇게 살아간다면 이 세상에서 가장 보람 있는 삶을 누리게 된다.

하지만 여기서 단순성의 잠재력에 관해 몇몇 오해가 생겨난다. 성경이 말하는 단순성을 가장 철저하게 이루어도 우리를 에덴동산으로 되돌리지는 못한다. 더욱이 절대로 이 세상에 천국을 이룰 수는 없다. 왜냐하면 우리는 여전히 단순화된 삶을 살아가는 죄악된 사람에 불과하고, 그러한 삶조차도 다른 죄악된 사람들과 엮여 있어 영향을 받기 때문이다. 게다가 세상, 육체, 마귀는 우리가 단순화하기 위해 기울이는 모든 노력을 어렵게 만든다. 이 악의 삼인조는 최고의 삶과 가장 단순한 삶조차도 여전히 많은 압박과 좌절과 문제와 실망을 느끼도록 만든다.

그렇다면 우리는 단순성을 추구하지 말아야 하는가? 아니다. 단순화를 통해 우리가 원하는 바를 모두 얻어내지 못한다고 해서 단순화하려는 시도조차 멈추어서는 안될 것이다. 그것은 이 세상에서 완벽한 사랑은 절대로 경험할 수 없기 때문에 사랑하는 일을 멈춰야 한다는 주장과 같다. 우리는 그럼에도 반드시 기억해야 한다. 더 단순한 삶과 더 단순한 영성이 낙원은 아니라는 사실이다. 천국만이 그렇다.

우리 모두 단순화하자. 왜냐하면 그렇게 하는 편이 하나님을 더 영화롭게 하고, 하나님의 나라를 더 추구하고, 우리를 더 만족케 하는 삶의 방식이기 때문이다. 우리가 할 수 있는 한 최대한 단순화하자. 하지만 언제나 예수님을 바라보자. 성경은 말한다. "그는 그 앞에 있는 기쁨을 위하여 십자가를 참으사 부끄러움을 개의치 아니하시더니 하나님 보좌 우편에 앉으셨느니라"(히 12:2).

예수님도 그러하셨듯이 우리의 단순성은 십자가를 지는 것을 의미한다. 단순성은 달콤하지만 그만큼 가시도 있고 문제도 섞여 있다. 그렇다고 놀라거나 환멸을 느끼지 말라. 참된 기쁨, 즉 아무것도 섞이지 않고 순수하며, 형언할 수 없는 그 영원한 기쁨은 아직 오지 않았다. 단순함을 추구하라. 하지만 참 천국을 향해 계속 나아가라.

13
영적 생활을 단순화하라, 오해 없이
—

영적 생활을 단순화하기 시작하면 몇 가지 오해의 희생물이 되기 쉽다. 다음과 같은 오해를 주의하라.

오해 1 : 영적 생활을 단순화하면 영적 훈련을 할 필요가 없어진다.

당신의 목적이 그리스도를 닮아 가는 것(당신이 그리스도인이라면 이는 당연한 일이다)이라면, 성경은 훈련이야말로 이를 위해 하나님이 주신 방법이라고 가르친다. 사도 바울은 "경건에 이르도록 네 자신을 연단하라"(딤전 4:7)고 말한다. 우리가 영적 생활을 단순화하는 이유는 영적 훈련을 회피하기 위함이 아니라 오히려 훈련에 더욱 큰 열매를 누리기 위함이다.[5]

오해 2 : 영적 생활을 단순화하면 생활의 다른 모든 부분도 단순화된다.

영적 생활은 우리 삶에서 영원하면서도 가장 중요한 부분이다. 하지만 유일한 부분은 아니다. 따라서 우리의 영성을 단순화하는 일에 진보가 있다고 할지라도, 삶의 다른 부분은 여전히 극도로 복잡할 수 있다. 예를 들어 우리의 영성이 점차 단순해진다고 하더라도 우리가 하는 일, 재정 상태, 가족 일정 등은 엄청나게 복잡다단할 수 있다. 하지만 우리 삶의 모든 영역에서 단순화를 시작하기에 가장 좋은 부분이 바로 영적 생활이다. 영적인 영역의 변화는 그 외에 우리가 하는 모든 일을 바꿔 놓을 힘이 있다.

오해 3 : 영적 생활을 단순화하는 일은 한 번에 끝나는 사건이다.

우리는 영성을 단순화하고 순탄한 항해를 즐기게 될지 모른다. 하지만 살다보면 예전부터 존재하던 복잡성, 또는 새롭게 생겨나는 복잡성이 불가피하게 따개비처럼 우리 삶에 달라붙게 된다. 단순화는 우리의 영적 생활에 신선하고 깨끗한 공간을 만들어 내지만, 우리가 경계하며 지키지 않으면 그렇게 유지되지 못한다. 삶의 어느 부분에서든, 단순화는 계속되는 과정인 경향이 있다.

오해 4 : 영적 생활을 단순화한다는 것은 영적 생활을 최소화하는 것이다.

이 견해는 영적 생활을 단순화하는 방법이란, 그저 영성에 할애하는 시간을 줄이는 것에 불과하다고 여긴다. 이런 사람은 다음과 같이 추론한다. "그러니까 나는 성경을 조금 읽거나 기도를 적게 하는 식으로 영적 생활을 단순화할 수 있다. 그렇기 때문에 내가 참으로 단순화를 이루려면 성경도 전혀 읽지 않고 기도도 전혀 하지 않아야 한다." 나는 영혼의 일과 다음 세상의 일에 시간을 덜 할애하고 일시적인 문제에 시간을 더 내야 하는 사람이 있을 수도 있다고 생각한다. 하지만 아직은 그런 사람을 만나보지 못했다. 우리가 던져야 할 질문은 어떻게 해야 영적인 것을 추구하는 시간을 줄일 수 있는가가 아니다. 오히려 어떻게 그 시간을 더 잘 활용할 수 있을지를 물어야 한다.

이러한 오해를 피하면 영적 생활을 단순화하면서 발생할 수 있는 몇몇 허황된 환상을 피할 수 있다.

14
단순화를 주의하라

———

비록 이 책의 제목은 『단순한 영성』이지만, 나는 당신에게 단순화를 주의하라고 충고한다.

　이 책의 주제 구절을 하나만 골라야 한다면 나는 고린도후서 11장 3절 말씀을 택하겠다. 사도 바울은 말한다. "뱀이 그 간계로 하와를 미혹한 것 같이 너희 마음이 그리스도를 향하는 진실함과 깨끗함에서 떠나 부패할까 두려워하노라." 바울이 고린도 독자들에게 있을까 두려워했던 일들이 오늘도 여전히 벌어지고 있다. 이 책을 읽는 사람에게도 있음직한 이러한 일이 어떻게 생겨나는지를 깨닫는다면 당신은 놀라고 말 것이다. 바울이 말한 방식으로 옮겨보자. "나는 당신의 마음이 단순화로 인해 단순화와 그리스도를 향한 순전한 헌신에서 멀어질까 두렵다."

　오늘날 단순성에 대한 일종의 숭배가 있다. 놀라운 일은 아니다. 삶은 언제나 고되었지만, 지금보다 더 분주하고 복잡한 적은 없었다. 리차드 스웬슨Richard Swenson은 『여백과 과부하 신드롬』Margin and The Overload Syndrome에서 우리를 일깨운다. 즉 기술과 경제가 "진보"한 결과로 모든 것을 더 많이 그리고 더 빨리 생산하게 되었다고 말이다. 더 빨리 여행을 하거나 더 쉽게 소통을 하면서 삶에 좋은 일들도 많지만, 이 모든 일이 급속하게 축적되면서 불가피하게 우리를 압도하기 시작했다. 육체적, 정신적, 관계적, 재정적, 영적 비축물이 고갈되면서 우리는 절망적으로 위안을 찾아나선다. 그리고 우리 삶의 단순화가 그 해답처럼 들린다. 결과적으로 "단순화 운동"은 날마다 가속도가 붙는다. 단순화를 추구하는 책, 잡지, 웹사이트, 소식지, 조용한 휴양, 회의, 강좌, 스터디 그룹, 공동체가 날마다 증가한다.

하지만 단순화가 단순화를 추구하는 목적을 넘어서는 순간을 주의하라. 단순화는 더 이상 영적 생활을 보조하는 역할에 멈추지 않고 주인처럼 점차 우리를 장악할 수도 있다. 몇몇 사람에게는 더 이상 단순화가 영성을 지원하는 것이 아니다. 단순화가 영적인 생명 그 자체이다. 헨리 데이비드 소로Henry David Thoreau의 삶과 같은 단순한 생활방식의 모델은 메시아가 되었다. 『월든』Walden 같은 책(미국의 수필가 소로의 작품으로서 1845년 여름부터 1847년 가을에 걸쳐서 매시추세츠 주의 월든 호반에 오두막집을 짓고 생활한 2년간의 기록임—편집주)은 그들의 성경이 되었다.

우리가 열정을 품고 추구하는 모든 대상이 다 그렇듯이, 단순화도 우상이 될 수 있다. 단순화하는 작업에는 생각과 에너지가 소요되고, 그러다 보면 우리가 그리스도께 드려야 하는 헌신 중 일부가 다른 곳으로 돌려질 수 있는 것이다. 단순화는 그 모든 유익에도 불구하고 우리를 더욱 물질주의적, 세속적, 자아 중심적으로 만들 수 있는 기만적인 가능성이 있다. 그래서 단순화를 가장 진지하게 추구하는 사람들은 그들에게 무엇이 필요한지, 무엇이 없이는 살 수 있는지 평가하는 일을 절대 그치지 않는다. 또는 돈을 절약하거나 물건을 저렴하게 얻는 방법을 생각하는 일을 멈추지 않는다.

나는 단순화 운동을 지지하는 서적도 다소 읽었고 거기에서 유익도 누렸다. 그런 책에는 좋은 내용이 많다. 하지만 단순화가 할 수 없는 일을 잊지 말라. 당신의 삶을 단순화해도 당신의 영혼을 구원할 수는 없다. 몇몇 사람들이 단순화에 엄청난 노력을 기울이지만 이는 예수님이 마태복음 16장 25절에서 하신 말씀을 좋은 의도로 어기는 일에 지나지 않을 수 있다. "누구든지 제 목숨을 구원하고자 하면 잃을 것이요." 이 구절은 다음과 같이 바꿔볼 수 있다. "사람이 만일 온 천하를 단순화하고도 제 목숨을 잃으면 무엇이 유익하리요?"

필요한 곳마다 단순화하라. 하지만 단순화 때문에 그리스도를 향한 헌신의 단순성과 순수성에서 멀어지지는 말라.

15
진보를 주의하라

———

리차드 스웬슨$^{Richard\ Swenson}$이 그의 저서 『여백과 과부하 신드롬』에서 경고한 것이 있다. 즉 우리의 예상과 달리 "진보"^{progress}는 삶을 단순하게 만들어주기는커녕 불가피한 더 많은 복잡성과 좌절을 초래한다. 그의 이야기를 들어보자.

> 여백은 사라졌다. 진보^{progress}가 그 도둑놈이다.[6]

> 진보는 언제나 모든 것을 더 많이 그리고 더 빨리 우리에게 제공한다… 그런데 한 사람이 살면서 편안하게 처리할 수 있는 사소한 일들의 가짓수는 그리 많지 않다. 그런데 이 숫자가 한 번 초과되면 다음 두 가지 중 한 가지 일이 생겨난다. 즉 혼란함 또는 좌절이다. 그런데 진보는 해마다 우리에게 처리해야 할 일들을 더 많이 제공한다. 종종 기하급수적으로 그리한다. 우리는 인류 역사상 그 어느 때보다 "한 명당 일"을 더

많이 처리해야 하는 시대를 살아간다…매년 우리는 더 많은 생산품, 더 많은 정보, 더 많은 기술, 더 많은 활동, 더 많은 선택, 더 많은 변화, 더 많은 이동, 더 많은 약속, 더 많은 일을 한다. 간단히 말해서 모든 것을 더 많이 한다. 그것도 더 빠르게 한다. 이러한 전방위적인 과적상태는 진보의 본질적인 작용기제이다. 이는 자동적이다. 진보는 자동적으로 과적, 여유없음, 속도, 변화, 스트레스, 복잡성을 더 많이 초래한다.[7]

따라서 여백을 되찾으려면 우선 진보에 관해 무언가를 해야만 한다.[8]

우리가 앉아서 아무 일도 하지 않고 가만히 있다면, 내년 이 시간에는 지금보다 더 많은 부하가 걸려 있을 것이다…

진보는 절대로 속도를 늦추지 않는다. 지금부터 우리는 점점 더 많은 것을 의지하게 될 것이다.[9]

자족과 단순함…이 도움이 된다. 돈, 소유, 교육, 우선순위에 관한 성경의 가르침을 고수하는 일은 엄청난 도움이 된다.[10]

우리가 맺은 가장 중요한 관계를 무너뜨리려고 하는 진보의 경향을 막는 일도 도움이 된다. 스웬슨은 말한다. "예전부터 지금까지 진보의 가장 큰 실패는 바른 관계를 기르고 보호하는 능력이 전혀 없다는 것이다.[11] 가족, 친구, 교회와 맺는 관계는 물론 가장 중요한 하나님과의 관계도 그렇다.

절대로 세계 경제와 기술의 진보라는 멈추지 않는 소용돌이에 휩쓸려 들어가 더 중요한 사실, 즉 하나님은 우리가 하나님 그리고 사람들과 맺는 관계에 더 관심을 갖고 계신다는 사실을 잊는 일이 없도록 하자. 19세기의 그리스도인 정치가 윌리엄 윌버포스는 이렇게 말했다. "당신이 얼마나 진보했는지를 측량하려면 하나님의 사랑을 얼마나 경험하느냐, 그리고 사람들 앞에서 그 사랑을 얼마나 실천하느냐에 따라서 하라."[12]

16
무엇을 하든지 다 하나님의 영광을 위하여 하라

우리의 영성은 물론 삶의 모든 것을 통합하는 원칙이 고린도전서 10장 31절에 있다. "그런즉 너희가 먹든지 마시든지 무엇을 하든지 다 하나님의 영광을 위하여 하라." 이 원칙은 태양과 같다. 따라서 모든 영적 훈련, 모든 결정, 모든 기도 및 단순화하려는 우리의 노력까지 포함한 모든 것이 이 원칙을 중심에 두고 돌아야 한다.

하나님의 아들이신 예수님의 특징은 모든 일을 하실 때 하나님의 영광에 관심을 두셨다는 점이다. 예수님은 자신이 고쳐주신 문둥병자 열 명 중에 한 사람만(그는 사마리아인이었다) 돌아와서 감사하자, 이렇게 말씀하신다. "예수께서 대답하여 이르시되 열 사람이 다 깨끗함을 받지 아니하였느냐 그 아홉은 어디 있느냐 이 이방인 외에는 하나님께 영광을 돌리러 돌아온 자가 없느냐 하시고"(눅 17:17-18). 예수님은 이 사람들을 고쳐주시고 감사 치례를 충분히 받지 못해서 분노하시지 않았다. 오히려 그분은 이 놀라운 기적에 대해서 하나님이 받으신 영광이 부족하기에 질투하셨다.

요한복음 12장 27-28절에 따르면 예수님은 자신이 잡혀 십자가에 죽을 시간이 가까이 왔음을 알고 계셨다. 예수님은 곧 하나님의 진노 아래 죽게 된다는 사실을 알고 계셨다는 사실을 기억하면서 그분의 주된 관심이 무엇이었는지 들어보라. "지금 내 마음이 괴로우니 무슨 말을 하리요 아버지여 나를 구원하여 이 때를 면하게 하여 주옵소서 그러나 내가 이를 위하여 이 때에 왔나이다 아버지여 아버지의 이름을 영광스럽게 하옵소서." 그로부터 잠시 후, 잡혀가시기 불과 몇 시간 전에도 예수님은 우리에게 기도할 때 자신의 이름으로 간구하라고 가르치시면서 기도 응답의 근거를 아버지의 영광에 두고 계신다. "너희가 내 이름으로 무엇을 구하든지 내가 행하리니 이는 아버지로 하여금 아들로 말미암아 영광을 받으시게 하려 함이라"(요 14:13). 예수 그리스도의 전 생애와 사역을 움직인 열정은 바로 하나님의 영광을 사모하는 열심이었다.

예수님의 죽음처럼 막중한 일부터, 먹고 마시는 평범한 일까지 성경은 하나님의 영광이야말로 궁극적인 우선순위이며 우리가 모든 것을 평가하는 최종적인 판단기준이라고 말한다. 따라서 당신의 영적 생활을 어떻게 단순화해야 할지 선택의 기로에 섰다면, 우선 물으라. "어떤 선택이 하나님께 가장 영광을 돌려드릴 것인가?" "범사에 예수 그리스도로 말미암아 하나님이 영광을 받으시"도록 단순화하라. "그에게 영광과 권능이 세세에 무궁하도록 있느니라"(벧전 4:11).

단순화와 진리

PART 2

17

성경의 권위와 인도를 의지하라

"나는 천국을 이런 식으로 생각하고 싶어."

"나는 항상 천국이…한 곳이라고 생각했어."

"내게 천국은 마치…같아."

사람들이 성경의 용어를 가져다가 성경의 내용은 빼버린 채 자신만의 의미로 채워 버리는 것을 본 적 있는가? 그 예로 천국을 들어보자. 모든 사람은 성경이 천국이라고 말하는 장소에 가기 원한다. 하지만 많은 사람이 성경에 선포된, 천국에 들어가기 위한 자격 요건을 부인한다. 그리고 성경이 묘사하는 천국의 활동에 관해서도 전혀 관심을 보이지 않는다.

또 사람들은 하나님의 본질이나 영성에 관한 진리를 자기 나름대로 재단하는 경향이 있다. 하나님이 성경에서 그분을 드러내신 내용이 엄연히 있음에도 불구하고 그들은 자신이 원하는 대로 하나님의 모습을 상상한다("글쎄 내 하나님은 그렇지 않으시다니까!"). 그리고 자신이 스스로 결정한 종류의 영성을 통해 하나님과 관계를 맺기 원한다. 하지만 하나님은 그분의 말씀인 성경을 참되고 영원한 영성의 최종 권위이자, 오류가 없는 인도자로 세우셨다.

우리가 성경의 권위와 인도를 수용해야만 하는 한 가지 이유는 성경은 하나님이 우리에게 주신 자기 계시self-revelation이기 때문이다. 하나님은 "영원하신 왕 곧 썩지 아니하고 보이지 아니"(딤전 1:17)하시는 분이다. 따라서 보이지 않는 창조주께서 자신을 우리에게 계시하시지 않는다면 우리는 그분을 전혀 알 수 없다. 계시가 없다면 어떻게 우리가 알겠는가? 우리가 그분에 관해서 말하는 바는 순전히 짐작에 불과할 것이다. 누군가는 하나님이 초록색 몸에, 머리가 세 개이며, 키가 30미터라고 주장할 수도 있다. 그는 어떻게 이 주장을 입증할 것인가? 또 다른 이는 그렇지 않다는 사실을 어떻게 입증할 것인가? 하나님의 본질과 하나님을 아는 일, 그리고 우리가 영으로 하나님과 관계 맺는 법에 관해 완전히 신뢰할 수 있는 유일한 정보의 근원은, 우리가 성경이라고 칭하는 하나님의 자기 계시뿐이다.

그렇기에 하나님은 성경 전체에 걸쳐 반복해서 말씀하시길, 성경을 모든 일의 인도자로 구하라고 하신다. 특별히 영성에 관해서는 더욱 그러하다. 하지만 삶에 실제로 나타나는 영적 체험을 성경의 권위와 비등한 것으로 고려해야 하지 않을까? 아니다. 영적 체험이 아무리 도움이 된다고 하더라도, 이사야는 이렇게 말한다. "마땅히 율법과 증거의 말씀을 따를지니 그들이 말하는 바가 이 말씀에 맞지 아니하면 그들이 정녕 아침 빛을 보지 못하고"(사 8:20).

말씀은 우리 영성의 길잡이로서, "여호와의 율법은 완전하여…
확실하여…정직하여…순결하여…정결하여…진실하여 다 의로"운
것이다(시 19:7-9). 영적 생활에 대한 성경의 권고는 그저 고대 세계
의 지혜 모음집이 아니다. 오히려 예수님은 이렇게 말씀하셨다. "내
가 너희에게 이른 말은 영이요 생명이라"(요 6:63). 따라서 성경은 그
저 "원칙"으로만 우리의 영적인 삶을 인도하는 것이 아니라, 실질적
이고 초자연적인 능력으로 삶을 인도한다. 왜냐하면 "하나님의 말
씀은 살아 있고 활력이 있어…마음의 생각과 뜻을 판단"(히 4:12)하기
때문이다. 이 모든 일이 가능한 이유는 "모든 성경은 하나님의 감동
으로 된 것"(딤후 3:16)이기 때문이다.

하나님 외에 누가 우리에게 하나님을 말해주며 하나님과 나누는
우리의 경험 속에서 우리를 인도할 수 있는가? 하나님은 성경으로
그렇게 하신다. 그러니 그 말씀을 의지하라.

18

종종 물으라, "성경은 무엇이라고 말씀하는가?"

———

내가 다음과 같이 물어야겠다고 생각하면서 내 삶에 가장 중요한 몇몇 변화들이 생겨났다. 바로 "성경은 무엇이라고 말씀하는가?"라는 질문이었다. 예를 들어, 여러 가지 문제에 관해 하나님의 말씀이 무엇이라고 말씀하는지 연구해보겠다고 작정하자, 주일을 보내는 방식과 예배 중에 하나님을 기쁘시게 하는 행동이 무엇인가에 관한 생각이 완전히 바뀌었다.

그리스도인은 지금보다 더 많이 이러한 질문을 던져야 한다. 관계, 재정, 시간 활용, 우선순위, 육아, 단순화, 그리고 그 외 모든 일에서 우리는 더 신속히 물어야 한다. "성경은 이 일에 관해 무엇이라고 말씀하는가?"

우리가 다음 진리를 믿는다면 이러한 질문을 자주 하는 것은 분명 지혜다.

- "여호와의 증거는 확실하여 우둔한 자를 지혜롭게 하며"(시 19:7).
- "주의 말씀은 내 발에 등이요 내 길에 빛이니이다"(시 119:105).
- "사람이 떡으로만 살 것이 아니요 하나님의 입으로부터 나오는 모든 말씀으로 살 것이라"(마 4:4).
- "모든 성경은 하나님의 감동으로 된 것으로 교훈과 책망과 바르게 함과 의로 교육하기에 유익하니 이는 하나님의 사람으로 온전하게 하며 모든 선한 일을 행할 능력을 갖추게 하려 함이라"(딤후 3:16-17).

어떤 문제에 관해 하나님의 뜻을 찾고 그대로 행하는 일보다 우리의 삶을 더 단순화하는 길은 없다. 그리고 하나님의 뜻을 발견하는 최고의 방법은 하나님의 말씀을 살펴보는 것이다.

지금 당장 당신의 삶에서 가장 중요한 문제는 무엇인가? 어떤 중요한 결정이 당신 앞에 있는가? 당신은 반드시 물어야 한다. "성경은 이에 관해 무엇이라고 말씀하는가?" 그러한 후에 성경을 펴고 시편 119편 18절의 기도를 드리라. "내 눈을 열어서 주의 율법에서 놀라운 것을 보게 하소서."

19
인내와 위로와 희망을 찾으려면 성경으로 가라
———

아침이면 나는 평생을 지속한 습관을 따라 가장 먼저 성경을 편다. 어떤 날은 보다 간절한 목적 의식을 품고 하나님의 말씀에 접근한다. 또 때로는 하나님을 만나겠다는 실질적인 열망을 품고 나아간다. 하지만 많은 경우 날마다 성경을 읽는 루틴을 넘어서, 나는 필요를 절박하게 인식하면서 하나님의 말씀을 찾는다. 커져만 가는 세상의 복잡성은 나의 걱정과 우울 수치를 한계치까지 몰고 간다. 또는 고난, 재정이나 주변 상황 때문에 용기, 인내력, 열의가 완전히 사라져 버리기도 한다. 그러한 때에 우리는 성경으로 가야만 한다. 그리고 주님께 그분의 말씀을 통해 인내, 위로, 희망을 달라고 구해야만 한다.

우리는 자신감을 가지고 그렇게 할 수 있다. 성경이 분명히 그렇게 말하기 때문이다. "무엇이든지 전에 기록된 바는 우리의 교훈을 위하여 기록된 것이니 우리로 하여금 인내로 또는 성경의 위로로 소망을 가지게 함이니라"(롬 15:4).

사도 바울이 "전에 기록된 것"이라고 할 때, 이는 우리가 지금 구약이라고 하는 내용을 지칭한다. 하지만 오늘날 우리는 "무엇이든지 전에 기록된 바는"이라는 구절이 신약에도 적용된다고 확언할 수 있다. 성경 전체가 "우리의 교훈을 위하여" 기록되었다. 이는 성경이 우리를 가르치기 위해 기록되었다는 뜻으로, 그 내용은 주로 하나님과 하나님의 영광 및 예수 그리스도를 통한 하나님의 역사이다. 그리고 이 성경을 통해 하나님은 실질적인 "인내와 위로와 소망"을 주신다.

가끔은 마음이 너무 아프거나 슬픔이 너무 깊어, 또는 짐이 너무나 무거워 의자에 쓰러지듯 앉아 성경을 편다. 그리고 머리에 손을 대며 울부짖는다. "오 아버지 제발 당신의 말씀을 통해 저를 위로해 주십시오." 아니면 "주님 지금 저는 너무나 낙심했습니다. 계속 갈 수 있을지도 모르겠습니다. 제게 희망을 주십시오!"

하나님은 어떻게 응답하시는가? 때로는 "내가 결코 너희를 버리지 아니하고 너희를 떠나지 아니하리라"(히 13:5)는 약속의 말씀으로 응답하신다. 또는 로마서 8장 18절 말씀처럼 교리에 관한 본문이 주는 확신을 통해 응답하신다. "생각하건대 현재의 고난은 장차 우리에게 나타날 영광과 비교할 수 없도다." 아니면 지금 내 영혼에 휘몰아치는 것과 같은 격정에 휩싸였었던 저자들이 기록한 시편이 주는 위로를 통해서 답을 하시기도 한다. "내 영혼아 네가 어찌하여 낙심하며 어찌하여 내 속에서 불안해 하는가 너는 하나님께 소망을 두라 그가 나타나 도우심으로 말미암아 내가 여전히 찬송하리로 다"(시 42:5).

종합적으로 나는 하나님이 우리로 하여금 성경에서 인내와 위로와 희망을 끌어내게 하셨다고 생각한다. 성경을 보며 하나님이 이 세상에서 언제나 자신의 목적을 이루셨음을 깨닫고, 그런 후에 그분이 우리 삶에서도 자신의 목적을 이루신다고 믿는 것이다. 나는 구약을 읽고 어떻게 하나님이 예수 그리스도와 교회 안에서 구약을 성취하셨는지를 볼 수 있다. 신약에서는 자기 백성을 향한 그리스도의 능력과 자비를 읽을 수 있다. 그리고 예수님이 자기 백성을 위해 다시 오셔서, 세상이 존재한 후로 있었던 모든 석양을 합한 것보다도 더욱 영광스러운 기쁨이 있는 영원한 집으로 우리를 데려가시겠다는 약속을 계속해서 만난다. 하나님은 이렇게 거룩하고, 역사적이고, 살아 있는 말씀으로 자신의 때와 섭리를 통해 나의 삶에 인내를 베푸신다. 이렇게 하나님이 감동하신 구절을 통해서 나는 그분의 임재와 귀중한 약속이 주는 위로를 경험한다. 그리고 하나님은 성경 페이지마다 더 나은 세상이 하루 더 가까워졌다는 희망을 주신다.

주님은 자비하셔서 사람과 환경으로 그리고 수도 없이 많은 방식으로 우리를 격려하신다. 하지만 하나님의 말씀을 찾아가서 구하는 것보다, 그분이 주시는 인내와 위로와 소망을 더 잘 누릴 수 있는 단순하고, 완전하고, 직접적인 방법은 없다.

20
성경 읽기 계획표를 활용하라

—

미국 역사책을 하나 선택해서 대공황에 관한 장부터 읽기 시작했다고 가정해보자. 그 장을 마치고는 1812년 전쟁을 다룬 부분을 본다. 그리고 닐 암스트롱의 달 착륙 부분을 읽었다고 하자. 아니면 조지 워싱턴 전기를 선반에서 꺼내 우선 마사^{Martha}와 결혼하는 내용을 읽고서는 워싱턴의 노년에 관한 장을 읽은 후, 장군의 첫 군사작전에 대한 장을 읽었다고 해보자.

이러한 방식은 어떤 역사나 한 사람의 삶을 이해하는 좋은 방식이 아니다. 그렇지 않은가?

하지만 어떤 사람들은 이런 식으로 성경을 읽는다. 오늘은 창세기 한 장, 내일은 로마서 한 장, 또 다음 날에는 시편 몇 장. 이런 식으로 되는 대로 식의 접근하는 방법은 성경의 메시지를 제대로 이해하는 방식이 될 수 없다.

목적 의식을 가지고 성경을 읽는 데는 계획이 필요하다. 계획은 창세기에서 시작해서 계시록까지 몇 장씩 날마다 읽는 간단한 방식부터, 한 자리에서 여러 권의 성경을 읽는 것처럼 열심을 내야 하는 방식도 있다.

좋은 계획은 찾아보기 쉬워야 한다. 많은 스터디 바이블 뒷면에 성경 읽기 계획표가 포함되어 있다. 경건 서적이나 교회 성경 교재를 보면 종종 각 면에 매일 읽을 분량을 기재하여 성경 전체를 일년에 볼 수 있도록 하기도 한다. 또 1800년대 스코틀랜드의 경건한 목사였던 로버트 머레이 맥체인이 개발한 성경 읽기 계획표를 큰 수고 없이 찾아볼 수도 있을 것이다. 이 계획표는 전 세계에서 가장 널리 사용되는 방식이다. 아니면 창세기에서 요한계시록까지 순서대로 되어 있는 전통적인 구성을 따르지 않고, 날마다 읽을 분량을 따라 특별한 형식으로 인쇄된 성경을 구매할 수도 있다.

내가 선호하는 계획은 성경을 다섯 부분으로 나누어 읽는 방식이다. 1월 가장 처음에는 창세기(율법서)를 읽는다. 그리고는 동일한 양을 여호수아(역사서), 욥기(시가서), 이사야(예언서), 마태복음(신약) 순서로 읽는다. 나는 각 부분을 계속해서 읽어 나간다. 각 부분은 거의 같은 양이기 때문에 모든 부분을 동시에 마치게 된다. 계획에 변화를 준다면 날마다 세 부분, 즉 창세기, 욥기, 마태복음부터 시작해서 같은 분량을 읽는 식도 있다.

독자가 한 자리에서 성경을 두 부분 이상 읽도록 인도하는 모든 계획에는 장점이 있다. 바로 다양성이다. 조금 어려운 본문을 읽을 때에도 성경의 다른 부분도 읽을 것이라는 사실을 알기 때문에 동력을 유지하기가 더 쉽다.

예수님은 말씀하셨다. "사람이 떡으로만 살 것이 아니요 하나님의 입으로부터 나오는 모든 말씀으로 살 것이라"(마 4:4). 우리가 "하나님의 입으로부터 나오는 모든 말씀으로" 사는 것이라면 그분은 우리가 모든 말씀을 읽는 가장 기본적인 것을 의도하신 것이 분명하다. 또 이렇게 하는 최선의 방법은 성경 읽기 계획표의 도움을 받는 것이다.

하지만 당신이 최근에 성경 전체를 읽으려고 한 적이 없고 잡히는 대로 읽고 있다고 하자. 그렇다면 목적적이고 질서정연한 읽기 방식을 채택해서 성경을 한 장씩 그리고 한 권씩 읽는 것보다 더 좋고 더 단순한 방식은 없을 것이다.

21
성경 읽기 방식을 확립하라

———

이십 대 시절에 나는 잠언에는 삼십일 장이 있고, 이는 한 달간 매일 한 장에 해당한다는 이야기를 처음 들었다. 그 이야기를 해주신 분은 매일 읽는 성경 분량에 더해서 그날에 해당하는 잠언을 한 장씩 읽으셨다. 나의 성경 읽기 방식에 그분이 권고하신 사항을 더한 것은 지금까지 내가 받아들였던 최고의 조언이었다. 주님은 잠언에 나오는 실질적인 지혜를 통해 수도 없이 나를 인도하셨다.

또 십 년이 지나고 성경에서 가장 긴 장인 시편 119편도 비슷한 방식으로 접근할 수 있다는 사실을 깨달았다. 즉 새로운 달이 시작하면 처음 이십이 일 동안에는 여덟 절로 구성되어 있는 스물두 개의 단락을 날마다 한 부분씩 읽는 식이었다. 이렇게 해서 나는 정기적으로 하나님의 말씀이 얼마나 가치있는지, 그리고 어떻게 말씀을 "내 마음에 두[어야]"(11절) 하는지를 되새긴다.

그리고 거의 같은 시기에 성경 읽기 계획에 전도서를 더했다. 이 열두 장은 잠언과 매우 흡사하기 때문에 나는 잠언을 읽으며 누렸던 것과 비슷한 축복을 받기 시작했다. 그래서 매달 마지막 주 동안에 하루 한두 장씩 읽어서 매월 말일에는 책을 끝냈다.

또 십 년이 지난 후 야고보서는 구약의 지혜서와 유사하기에 "신약의 잠언"으로 불린다는 말을 들었다. 시편 119편의 읽을 부분이 매일 여덟 절밖에 되지 않기 때문에 시편을 읽고 나서 야고보서 한 단락을 읽었다. 매일 아침 이렇게 복용한 한 입 크기의 "위로부터 난 지혜"(약 3:17)는 정확히 내 영이 필요로 하는 영양분이 되었다.

이렇게 하기 전에도 나는 여전히 전임 목회자였고, 날마다 세 편의 목회서신(목회자들을 위해 특별히 쓰인 편지들)에서 한 장씩 읽는 습관을 지키고 있었다. 바울은 자신을 통해 하나님이 주신 이 가르침에 관해서 이렇게 기록한다. "이 일들을 명심하고 힘써 행하십시오"(딤전 4:15 새번역). 이 말씀에 순종하는 방법으로 내가 찾아낸 가장 간단한 방식은 디모데전후서와 디도서라는 세 통의 편지 열세 장을 반복해서 읽는 것이었다. 모든 목회자는 하나님이 영감하셔서 "너로 하여금 하나님의 집에서 어떻게 행하여야 할지"(딤전 3:15) 알게 하신 이 말씀을 계속 생각함으로써 유익을 누리지 않을 이유가 전혀 없다.

당신이 현재 진행하고 있는 성경 읽기 계획에 이러한 방식을 적용할 준비가 되어 있든 그렇지 않든, 이러한 성경읽기 방식은 당신이 대단히 필요로 하는 성경의 각 권과 장을 당신의 영혼에 집어 넣을 쉬운 방법을 제시한다. 또 당신이 순전히 반복해서 성경을 읽다 보니 이러한 읽기 방식 중 어떤 것에 둔감해졌다면, 다시 눈을 반짝이며 원래의 루틴으로 돌아갈 그날까지, 매일 성경 읽기 시간을 성경 다른 부분을 읽는 즐거움에 할애하라.

물론 어떤 면에서 우리 모두는 하나님의 말씀 전체를 항상 필요로 한다. 하지만 성경의 한 부분 또는 특정한 몇몇 부분이 당신에게 특별히 유익하다고 느껴진다면 그 부분을 성경 읽기 방식에 포함하는 일도 고려해보라.

22
영과 진리를 연결하라
—

영성에 관해 말하자면, 당신은 지금 믿는 것을 믿기 때문에 지금 하는 일을 한다. 당신이 신학에 의식적으로 중요성을 두는지 여부와 상관없이 신학은 당신의 영성을 움직이고 결정한다. 예를 들어 당신은 당신의 신학 때문에 지금과 같은 방식과 내용으로 기도하는 것이다. 그리고 당신이 특정한 방식으로 기도하지 않는다면, 이는 전통 때문이라기보다는 신학 때문이다.

따라서 좋은 신학과 좋은 영성은 연결된다는 사실을 인지하라. 신학이나 교리의 멘토로 삼을 수 없는 사람을 영성의 본보기나 교사로 삼지 말라. 그들의 영성은 그들의 신학과 밀접하게 연결되어 있기 때문이다.

누군가의 경건함에 감동을 받으면 이렇게 생각하기 쉽다. '분명히 저렇게 경건하고, 헌신되고, 기도에 전념하는 분이라면 그분의 신학이 잘못되었을 리가 없어.' 하지만 나는 특정한 작가나 연설가의 영성에 감동받아 결국은 구원에 관한 교리에 대해서까지 성경적인 신학을 부인하게 된 사람을 여럿 봤다. 그들은 결국 다른 길로 빠지고 말았다. 예수님은 말씀하셨다. "너희가 무엇을 듣는가 스스로 삼가라"(막 4:24).

그렇기 때문에

- 누군가가 성경에 있는 하나님의 계시보다도 경험을 더 권위 있는 것으로 삼는다면 그에게서 돌아서라.
- 누군가가 성경에 또 다른 책이나 경험을 더하여 하나님의 말씀과 동등한 권위로 삼는다면, 더이상 그를 믿지 말라.
- 누군가가 하나님을 직접 경험할 수 있다고 가르친다면, 즉 예수 그리스도와 성경의 중재 없이 그렇게 할 수 있다고 주장한다면 더이상 그의 말을 듣지 말라.
- 누군가가 하나님께 가는 길은 많이 있고 예수님만 천국으로 향하는 유일한 길은 아니라고 말한다면 그를 피하라.

우리 각자는 건전한 신학과 열정적인 영성 모두를 필요로 한다. 왜냐하면 신학은 영성의 불길을 일으키는 연료이기 때문이다. 신학은 비성경적이거나 불건전한 영적 실천(성경의 인도나 감화 없이 하나님을 경험하려고 추구하는 것과 같은)에서 우리를 보호해주는 분별력을 준다. 신학은 우리가 일시적으로 유행하는 영성에 빠지는 일을 막아줄 수 있다.

당신은 어떻게 신학을 추구하는가? 성경을 읽고 묵상하라. 성경적 설교를 듣고 교회에서 제공하는 교육 기회를 활용하라. 우리를 즐겁게 하는 책이 아니라 우리를 가르치는 기독교 서적도 읽으라. 여기에는 교리에 관한 책뿐 아니라 아볼로처럼 "성경에 능통한"(행 18:24) 사람들의 전기도 포함된다.

신학은 하나님의 진리다. 신학 없이 당신의 영혼을 자라게 만들거나, 영적 생활을 단순화하려고 시도하지 말라.

23
마음으로부터 시편을 노래하라
———

나는 최근에 뉴 어메리칸 스탠다드 바이블^{New American Standard Bible}의 시편 68편으로 기도를 드렸다. "하나님께 노래하며 그의 이름을 찬양하라"(4절)는 말씀에 이르렀을 때 내가 어떻게 했는지 아는가? 그렇다. 나는 그 본문이 말한 그대로 했다. 성경 말씀은 그저 주시해야 할 뿐 아니라 순종해야 하는 대상이기도 하다.

하지만 나는 "하나님께 노래하[는]" 그 이상을 했다. 나는 이 시편을 그대로 따서, 또는 이 시편이 시사하는 내용으로 하나님께 찬양했다. 나는 악상이 떠오르는 대로 단순한 음조로 노래를 했다.

내가 당신을 노래합니다. 주님
내가 당신의 이름을 찬양합니다 (4절에서)
광야에 행하시는 분 (4절에서)
짐을 져 주시는 분 (19절에서)

당신은 하나님 구원의 하나님(20절에서)

나는 절대로 작곡할 줄 안다고 재는 것이 아니다. 교회에서 내가 만든 곡을 들을 일은 절대 없을 것이다. 하지만 이 짧은 노래는 하나님의 귀에 아름답게 들리리라 믿는다. 결국 이 찬양은 하나님이 직접 이 땅에 주신 말씀에서 나왔는데, 말씀을 주신 목적은 우리가 다시 하늘로 그 말씀을 돌려보내는 것이다. 다른 말로 하자면 하나님은 궁극적으로 이 시편의 말씀을 그분의 귀에 들리도록 뜻하신 것이다.

당신도 때로는 내가 시편 68편으로 했듯이 간단한 방식으로 하나님께 하나님의 말씀을 찬양으로 되돌리고 싶을 것이다. 악기를 다룰 줄 안다면 주님께 즉흥적으로 연주하며 찬양을 드려도 좋다. 아니면 내가 한 것처럼 찬팅chanting과 유사한 방식으로 말씀을 그대로 노래해도 좋다. 또 시편 찬송Psalter(시편에 근거해서 만든 찬양집)을 사용하거나 찬송가 뒤에 있는 성경색인을 통해 시편에 근거한 찬양을 찾아보는 방법이 있다.

다음은 당신이 주 앞에 홀로 있을 때 시편으로 찬양하면 좋은 열 가지 이유이다.

① 성경이 "우리 하나님을 찬양하는 일이 선함이여"(시 147:1)라고 말씀하기 때문에 좋다.

② 시편 33편 3절(시 96:1, 98:1, 149:1 참고)과 같은 말씀에서 명하듯, "새

노래로 그를 노래"할 수 있도록 돕기 때문에 좋다.

③ 성경이 "시와 찬송과 신령한 노래들로"(엡 5:19, 골 3:16) 찬송하라고 했기 때문에 좋다.

④ 하나님이 영감하셔서 우리로 찬양하게 하신 말씀만이 할 수 있는 방식으로 당신의 영혼에 필요한 것을 공급하기 때문에 좋다.

⑤ 하나님이 정하신 방식으로 당신의 마음에 있는 것을 주님께 표출하기 때문에 좋다.

⑥ 하나님의 말씀으로 찬양하면 우리 마음과 생각에 그분의 진리가 강화되기 때문에 좋다.

⑦ 찬양은 당신의 마음뿐 아니라 몸과 영혼도 수반하기 때문에, 하나님을 보다 전인적으로 예배하도록 돕기 때문에 좋다.

⑧ 성경에 따라 자신을 표출하는 법을 배우기 때문에 좋다.

⑨ "살아 있고 활력이 있[는]"(히 4:12) 말씀을 찬양함으로써 당신의 영혼에 생명을 불어넣기 때문에 좋다.

⑩ 전 세계에 있는 하나님의 백성들이 수천 년 동안 찬양한 것과 연합되기 때문에 좋다.

"우리 하나님을 찬양하는 일"은 정말로 좋다. 이 유익을 누리라.

24
읽으라 그리고 묵상하라

성경 몇 장을 읽고 덮은 뒤에 "읽은 게 하나도 기억나지 않아"라고 생각해본 적 있는가? 이러한 일이 발생한다면 나이나 IQ 또는 교육 수준을 탓하지 말라. 그것이 이유가 아니기 때문이다. 거의 모든 성경 독자는 이러한 망각 증세를 경험한다. 하지만 대부분 이 문제는 다른 무엇보다도 하나님의 말씀과 관계하는 방식에 더 관련이 있다. 당신이 그냥 성경을 읽기만 한다면, 읽은 내용의 전부는 아니더라도 거의 대부분을 잊어버린다고 해서 놀랄 일은 아니다.

간단한 해결책은 무엇인가? (나는 하나님의 말씀을 섭취함으로 유익을 얻는 일은 근본적으로 틀림없이 단순하다고 분명히 믿는다. 주님은 자신의 모든 백성이 나이나 IQ나 교육수준에 관계없이 그러한 유익을 누리길 바라셨기 때문이다) 그 해결책은 성경을 읽기만 하는 것이 아니라 묵상하는 것이다. 물론 읽기가 출발점이다. 읽기는 성경에 노출되는 것이다. 하지만 묵상은 성경을 흡수하는 것이다. 그리고 성경 흡수는 우리 삶의 변화로 이어진다.

성경은 우리가 하나님의 완벽한 말씀을 들여다보지 않으면(즉 묵상하지 않으면) 그 말씀을 잊어버린다고 분명하게 경고한다. "자유롭게 하는 온전한 율법을 들여다보고 있는 자는 듣고 잊어버리는 자가 아니요 실천하는 자니 이 사람은 그 행하는 일에 복을 받으리라"(약 1:25). 하나님의 말씀을 묵상하지 않고 듣기만 하면 "듣고 잊어버리는 자"가 되듯이, 성경을 읽고 묵상하지 않는 사람은 읽고 잊어버리는 자가 된다. 당신이 읽은 내용을 기억하지 못한다면, 당신은 읽은 내용을 경험하지도 못했고 변화되지도 않았다는 말이다.

당신은 아마도 평상시에 하나님의 말씀에 시간을 내기가 빠듯하다고 느낄 것이다. 하물며 그 절차에 무언가 다른 것을 더할 여유는 더욱더 없을 터이다. 따라서 당신이 이미 성경 읽기에 정기적으로 시간을 내고 있다는 가정하에(그렇지 않다면, 시간을 내는 것이 출발점이다), 소요 시간을 반드시 늘리지 않고도 성경을 묵상할 수 있는 방법을 제안하려고 한다.

예를 들어 당신이 보통 성경 읽기에 십 분을 사용한다면, 이제부터는 그 시간을 읽는 데 다 할애하지 말라. 내일부터는 오 분은 읽고 오 분은 묵상하라. 십 분 내내 읽고 아무것도 기억하지 못하는 편보다는 적게 읽고 많이 기억하는 편이 훨씬 낫다. 성경을 덮을 때 읽은 내용을 모조리 잊어버리는 편보다는, 하나님의 말씀에서 "주야로 그것을 묵상"(수 1:8)할 수 있는 무언가를 얻었다고 느끼면서 성경을 덮는 편이 훨씬 좋다.

성경 묵상 방법은 다른 곳에서 길게 썼었다.[1] 이 책에서는 다만 묵상의 중요성을 강조할 지면밖에 없다. 우리를 변화시키는 것은 성경에서 읽은 내용이 아니라 우리가 성경에서 기억하는 내용이다. 믿는 사람 중에 성경 섭취량을 늘려야 할 사람이 많다는 사실은 틀림없다. 하지만 또 많은 사람이 자신이 낼 수 있는 시간을 모두 할애하고 있다는 것도 사실이다. 당신이 이미 성경 읽기에 들이고 있는 시간에 묵상 시간을 도저히 더할 수 없다면, 묵상을 위해 더 적게 읽으라. 목표는 일정한 분량을 "독파"했다는 것이 아니라 하나님을 만나고 그분의 음성을 듣는 것이다.

25
성경과 삶을 묵상하라
———

성경은 묵상의 네 가지 대상을 알려준다. 가장 많이 언급된 대상은 하나님의 말씀을 묵상하는 것이다. 예를 들어 시편 1편 2절에 나오는 "복된" 사람은 "그의(하나님의) 율법"을 묵상한다. 시편 119편 저자는 하나님이 글로 계시하신 내용을 묵상함에 관해 반복해서 언급한다(15, 23, 48, 78, 97, 99, 148절).

묵상의 두 번째 대상은 하나님의 창조세계이다. 이것이 바로 다윗이 시편 143편 5절에서 "주의 손이 행하는 일을 생각하고"라고 하며 의도한 바이다.

셋째, 성경은 하나님의 섭리를 묵상하는 일을 말한다. 우리는 시편 77편 12절과 같은 본문에서 이러한 내용을 본다. "또 주의 모든 일을 작은 소리로 읊조리며 주의 행사를 낮은 소리로 되뇌이리이다."

넷째, 성경은 하나님의 성품을 묵상함을 가리킨다. 다윗은 다음처럼 말함으로써 이 사실을 분명히 밝힌다. "밤을 새우면서도 주님만을 생각합니다"(시 63:6 새번역).

하지만 이 네 가지는 두 범주로 압축할 수 있다. 즉 성경의 내용을 묵상하는 것과 성경의 관점을 묵상하는 것이다. 다른 말로 하자면 성경 말씀 그 자체를 묵상하거나 성경의 관점에서 어떤 주제를 묵상한다. 나는 전자를 "성경을 묵상함", 후자를 "성경의 관점으로 삶을 묵상함"이라고 부른다.

성경을 묵상할 때 나는 매일 읽는 성경 분량에서 한 절을 선택한 후 여러 가지 묵상 방법 중 하나를 활용한다. 내일 아침에 고린도후서 5장을 읽는다고 해보자. 그러면 나는 21절을 고르고 다음에 다룰 "조세프 홀 질문" 방식을 사용하여 "하나님이 죄를 알지도 못하신 이를 우리를 대신하여 죄로 삼으신 것은 우리로 하여금 그 안에서 하나님의 의가 되게 하려 하심이라"는 말씀을 고찰한다. 그러한 다음 이 하나님의 진리를 적용할 적절한 방법을 찾아본다.

성경의 관점으로 삶을 묵상한다고 할 때는, 말 그대로 내게 흥미가 생기는 어떤 주제라도 생각해본다. 숨이 막히도록 아름다운 산의 경치나 낙엽이 덮인 단풍나무 숲과 같은 것 등등 말이다. 아니면 나를 무겁게 만드는 주제를("왜 이 일이 나에게 일어났는가?") 숙고할 수도 있다. 또는 골칫거리를 곰곰이 생각할 수도 있다("나는 무엇을 해야 하는가?"). 그것도 아니면 관심이 가는 어떤 대상이라도 좋다. 하지만 결국 나는 성경이 그 문제에 관해 무어라고 말하는지 따져본다. 예를 들면 그 일에 관해 "빌립보서 4장 8절 질문"을 던진다거나, 아니면 그저 "성경은 이에 관해 무어라고 말하는가?"라고 생각해보는 것이다. 그리고 결국 다음과 같이 결론을 내린다. "아직은 하나님이 왜 이 일을 나에게 허락하셨는지 이유를 알지 못한다. 하지만 나는 '하나님을 사랑하는 자 곧 그의 뜻대로 부르심을 입은 자들에게는 모든 것이 합력하여 선을 이루느니라'(롬 8:28)는 사실은 안다."

이렇게 볼 때 성경에 근거한 묵상의 한 가지 형태는 성경으로 시작해서 성경을 삶에 적용하는 것이다. 또 다른 형태는 삶에서 시작하는 것이다. 즉 당신의 마음, 가족, 정원, 교회, 직업, 나라 또는 세상의 어떤 것에서든 시작해서 그것을 성경의 빛 아래로 가져와 비춰보는 것이다.

성경에 따르면, 보다 단순한 영적 생활을 향한 변화까지 포괄하여, 그리스도와 닮아지는 모든 변화란 "마음을 새롭게 함"(롬 12:2)과 연관된다. "마음을 새롭게" 하는, 또 그에 따라 당신의 영적 생활을 단순화하는 최선의 길은 성경에 근거한 묵상이다. 즉 하나님의 진리를 묵상하는 일과 하나님의 진리의 관점으로 삶을 묵상하는 일이다.

26
빛과 열을 내도록 묵상하라

단순한 영적 생활의 핵심은 하나님의 뜻을 행함이다. 모든 그리스도인은 자신이 하나님의 뜻을 행해야 한다는 사실을 알고, 그들이 종종 하나님의 뜻을 행하지 못하는 두 가지 이유에 대해서도 안다. 즉 하나님의 뜻을 알지 못하기 때문이거나 아니면 그렇게 하고 싶은 기분이 아니기 때문이다. 보통 이 두 문제의 간단한 해답은 하나님의 말씀을 묵상하는 것에 있다.

성경은 분명히 묵상을 하나님의 뜻에 순종하는 일과 관련시킨다. 우리는 주님이 여호수아에게 말씀하시는 여호수아 1장 8절과 같은 본문에서 이 사실을 본다. "이 율법책을 네 입에서 떠나지 말게 하며 주야로 그것을 묵상하여 그 안에 기록된 대로 다 지켜 행하라 그리하면 네 길이 평탄하게 될 것이며 네가 형통하리라." 마찬가지로 하나님은 야고보서 1장 25절에서 우리에게 말씀하신다. "자유롭게 하는 온전한 율법을 들여다보고 있는 자는 듣고 잊어버리는 자가 아니요 실천하는 자니 이 사람은 그 행하는 일에 복을 받으리라." 순서에 주목하라. 두 구절 모두 성경을 묵상하는 일이 성경에 순종하는 일보다 앞선다. 다윗의 삶에 일어난 한 가지 사건은 어떻게 이 과정이 일어나는지를 보여준다. 다윗은 누군가에게 분을 내며 말하고 싶었지만 그러지 못했다. 그런데 그 상황을 생각하면 할수록 마음은 분노로 더욱 불타올랐다. 그래서 다윗은 시편 39편 3절에서 이렇게 묘사한다. "작은 소리로 읊조릴 때에 불이 붙으니."

우리 안에 타오르는 또 다른 종류의 불, 내면에서 타오를 수 있는 거룩한 불이 있다. "여호와의 말씀이니라 내 말이 불 같지 아니하냐"(렘 23:29). 다윗이 묵상할 때 안에서 불이 타오르는 것을 경험했듯이, 우리도 하나님의 말씀의 불을 묵상하며 우리의 경험에서 이 불이 더욱 격렬하게 타오르게 해야 한다. 묵상은 말씀의 불에 풀무처럼 작용한다. 그렇게 불타는 말씀에서 영적인 빛과 열기가 점점 강렬하게 발산한다.

우리가 영적인 빛을 받을수록 본문의 의미와 적용 방법을 더 잘 이해하게 된다. "이 말씀이 이런 뜻이었구나! 이제 알았어." 이런 말을 더 자주 하게 된다.

하지만 보통 우리가 성경에 순종하려고 할 때 겪는 문제는 무엇을 순종해야 할지 모르기 때문은 아니다. 오히려 그렇게 하고 싶은 기분이 나지 않기 때문이다. 예를 들어 우리는 텔레비전이나 컴퓨터를 꺼야 한다거나, 누군가에게 그리스도를 이야기해야 한다는 사실을 안다. 하지만 그냥 그렇게 하고 싶은 기분이 나지 않는 것이다.

이러한 영적인 열망의 필요야말로 우리가 성경을 묵상해야 하는 주된 이유이다. 우리가 성경 말씀을 거의 읽지 않는다면 그 말씀의 불이 마음을 뜨겁게 해서 우리를 움직이게 만드는 일도 거의 없을 것이다. 하지만 우리가 읽은 말씀을 묵상하면 순종하겠다는 열망이 뜨거워진다. 하나님의 뜻을 행하겠다는 영적 열정의 온도는 묵상이라는 풀무가 하나님의 불타는 말씀에 바람을 더할 때 더욱 상승한다.

당신이 더 단순한 영적 생활을 추구함에 있어 하나님의 뜻을 깨닫고 행하기가 어려워 방해가 되는가? 그렇다면 영적인 빛과 열기를 얻기 위해 성경 말씀을 묵상하라.

27
묵상하고 적용하라

———

하나님의 말씀에 노출되었다면 반드시 뒤이어 하나님의 말씀을 흡수해야만 한다. 성경 말씀을 듣고 읽고 연구하고 암송할 때 본문 중 일부 내용을 묵상해야만 많은 유익을 누릴 수 있다. 그렇지 않으면 말씀의 물은 대부분 생각과 마음에 흡수되지 않은 채 흘러넘치고 만다. 마치 굳은 땅에 비가 세차게 내리듯이 말이다.

더욱이 우리가 하나님의 말씀에 노출되어 말씀을 흡수하는 목적은 말씀 적용이 되어야만 한다. 하나님은 여호수아에게 율법을 "주야로" 묵상하라고 하셨다. 이는 여호수아가 "그 안에 기록된 대로 다 지켜 행하[도록]"(수 1:8) 하기 위함이었다.

마찬가지로 우리는 신약에서 다음 말씀을 본다. "자유롭게 하는 온전한 율법을 들여다보고 있는 자는 듣고 잊어버리는 자가 아니요 실천하는 자니 이 사람은 그 행하는 일에 복을 받으리라"(약 1:25). 이 본문에 나오는 하나님의 축복은 그저 쳐다보는 자들, 즉 하나님의 말씀을 읽기만 하는 자들에게 약속되지 않았다. 오히려 "들여다보는"look intensely 자들, 즉 자신이 읽은 것을 묵상하는 자들에게 이 약속은 해당한다. 묵상이 성숙하여 적용까지 이르기 전에는 축복이 임하지 않는다. 야고보는 이렇게 말한다. "온전한 율법을 들여다보고 있는 자는 듣고 잊어버리는 자가 아니요 실천하는 자니." 우리가 그리스도와 더욱 닮아지고 하나님께 최고의 영광을 드리는 방법은 오직 성경 말씀을 실천하는(적용하는) 일뿐이다.

물론 주님은 우리가 하나님의 말씀을 뭉뚱그린 채로 일반적인 실천만 하면 된다고 하지 않으신다. 주님은 우리가 각각의 말씀의 모든 부분을 적용하기 원하신다. 성경을 묵상하고 적용하는 이 두 가지 책임을 조합할 수 있는 간단한 방법이 하나 있다. 즉 성경 말씀을 접할 때 그 말씀에서 적어도 적용점을 한 가지 이상 찾는 것이다. 예를 들어 하나님의 말씀을 읽으면서 스스로에게 다음과 같이 이야기해보라. "기도하는 마음으로 이 본문에서 내 삶에 적용할 방법을 하나라도 생각해 내기 전까지는 성경을 덮지 않겠다." 이렇게 적용을 구하며 성경 말씀을 진심으로 찾아 헤매는 것이 바로 묵상이다. 아니 적어도 묵상의 한 모습이다.

그렇다면 당신은 본문을 고찰할 때 하나님이 당신에게 어떻게 하기를 원하신다고 인식하는가?

- 멈추라고?
- 시작하라고?

- 믿으라고?

- 죄를 고백하라고?

- 기도하라고?

- 감사하라고?

- 누군가에게 말하라고?

   묵상과 적용 없이 성경이 우리를 변화시키리라 기대해서는 안 된다.

28
빌립보서 4장 8절 질문을 던지라

———

보통 성경 말씀 한 구절을 묵상할 때는 지침이나 목표 없이 본문을 막연하게 생각하기보다는 그 구절에 관해서 구체적인 질문을 던지고 이에 답하는 편이 훨씬 쉽다.

최근 나는 빌립보서 4장 8절 말씀을 묵상했다. "끝으로 형제들아 무엇에든지 참되며 무엇에든지 경건하며 무엇에든지 옳으며 무엇에든지 정결하며 무엇에든지 사랑 받을 만하며 무엇에든지 칭찬 받을 만하며 무슨 덕이 있든지 무슨 기림이 있든지 이것들을 생각하라." 그런데 여기에서 우리가 묵상해야 한다고 제시된 사항은, 우리가 다른 어떤 구절을 읽더라도 참고할 만한 목록이 될 수 있겠다는 생각이 들었다. 그 결과(그리고 수많은 빌립보서 4장 8절 번역본을 찾아본 후에) 나는 이 내용에 근거해서 일련의 질문을 개발했다.

우리가 하는 묵상의 많은 부분이 성경으로 시작해서 성경을 삶에 적용하는 식이지만, 당신의 삶에 일어난 무언가를 묵상하는 일로 시작해서 그 내용을 성경 말씀 앞으로 가져오는 방식 역시 타당하다. 예를 들어 당신은 하나님이 당신에게 어떤 일이 일어나도록 허락하신 이유를 생각해볼 수 있다. 하지만 그러고 나서 궁극적으로는 시편 31편 14-15절과 같이 당신의 생각을 말씀의 근거에 반드시 복종시켜야만 한다.

사건, 경험, 누군가와의 만남, 심지어 이 창조세계 일부와의 만남과 같이 삶에 일어난 무언가를 묵상하는 것이든, 아니면 성경의 한 구절 내지 이야기를 묵상하는 것이든 빌립보서 4장 8절 질문은 유용한 안내자가 될 수 있다. 즉 무엇을 생각하든 다음과 같이 묻는 것이다.

- 이에 관해 무엇이 참된가? 이것이 어떠한 진리를 예증하는가?
- 이에 관해 무엇이 경건한가?
- 이에 관해 무엇이 옳은가?
- 이에 관해 무엇이 정결한가? 어떻게 이것이 순수함을 예증하는가?
- 이에 관해 무엇이 사랑받을 만한가?
- 이에 관해 무엇이 칭찬받을 만하며, 덕을 높이는 일인가?
- 이에 관해 무엇이 덕이 있는가?
- 이에 관해 무슨 기림이 있는가?

29
조세프 홀의 질문을 던지라
—

조세프 홀 ^{Joseph Hall}(1574-1656)은 잉글랜드 노르위치의 성공회 주교였다. 맥클린토크와 스트롱 종교 백과사전 ^{McClintock and Strong's religious} ^{encyclopedia}은 그를 "매우 경건한 습관의 사람"으로 묘사하며, "지적, 영적 발전을 추구하며 치열한 노력을 다했다"고 설명한다. 홀이 1607년에 저술한 『경건한 묵상의 기술』 *The Art of Divine Meditation*은 당시 가장 영향력 있는 책이었다. 그는 이 청교도 고전에서 성경 말씀을 묵상하는 데 도움이 되는 열 가지 질문들을 논하고 그 사용법을 설명한다. 20세기의 한 저자는 『경건한 묵상의 기술』이 널리 인기를 끌었을 때 홀의 질문은 이미 목회자들에게 잘 알려져 있었다고 단언한다.[2] 그리고 이 질문과 비슷한 형태의 책자가 그로부터 50년 전에 출판되었다는 점을 언급한다.[3]

나는 홀이 만든 질문을 따라 성경묵상을 진행하면 묵상이 더 단순하고 결실이 있다는 사실을 깨달았다. 나는 현대 독자들이 분명하게 이해할 수 있도록 질문을 조금 수정하고 부연했다.

① 당신이 묵상한 내용은 무엇인가?(그것이 무엇인지 정의하라. 그리고/또는 설명하라)

② 이것의 부분part은 무엇인가?

③ 무엇이 이것을 야기하는가?

④ 이것은 무엇을 야기하는가? 즉 이것의 결과와 효과는 무엇인가?

⑤ 이것의 장소, 위치, 또는 활용은 무엇인가?

⑥ 이것의 특징 그리고 부속된 사항은 무엇인가?

⑦ 이와 대조되거나, 모순되거나, 혹은 다른 것은 무엇인가?

⑧ 이와 비교될 만한 것은 무엇인가?

⑨ 이것의 칭호 또는 이름은 무엇인가?

⑩ 이것에 대해 성경은 어떻게 증언 또는 예시하는가?

첫 질문이 가장 중요하다. 그 대답이 나머지 질문에서 언급하는 "이것"이 되기 때문이다. 따라서 당신이 묵상하는 구절이 로마서 8장 28절이라고 하자. 그러면 1번 질문에 대한 당신의 답은 "자기 백성의 선을 이루기 위해 하나님이 만물을 주관하심" 정도가 될 것이다. 그러면 이를 구분하거나 나누는 것(질문2)은 "하나님의 주관하심", "만물", "자기 백성"이 된다.

당신의 성경책, 플래너, 컴퓨터, 책상에 이 질문을 보관하면 도움이 될 것이다.

영국 청교도 시대 이래 수없이 많은 사람이 이 짧은 질문을 던짐으로써 묵상하던 본문에서 귀중한 통찰력을 끝없이 끌어냈다. 그러니 당신도 그렇게 하라.

단순화와 기도

PART 3

30
구하라, 그러면 좋은 것을 받으리라
—

기도 생활을 단순화하는 한 가지 방법은 그저 구하는 것이다. 그런데 우리는 하나님이 무언가를 해주시거나 베풀어주시기를 원하면서도 실제로 하나님께 구하지 않을 때가 생각보다 훨씬 많다. 야고보서 4장 2절 말씀은 이렇게 전한다. "너희가 얻지 못함은 구하지아니하기 때문이요." 그렇지만 우리가 얻지 못하는 이유가 구하지않기 때문만은 아니다. 성경은 우리가 무엇을 구해야 하는지, 그리고 왜 그것을 구해야 하는지에 대해 많은 것을 이야기하기 때문이다. 사실 바로 다음 절에서 우리는 이러한 내용을 읽게 된다. "구하여도 받지 못함은 정욕으로 쓰려고 잘못 구하기 때문이라"(3절).

그렇다 할지라도 예수님은, 기도하며 하나님께 그저 구하는 일에놀랄 만한 약속을 허락하셨다. 산상수훈 중에 예수님은 분명히 말씀하신다. "구하라 그리하면 너희에게 주실 것이요 찾으라 그리하면 찾아낼 것이요 문을 두드리라 그리하면 너희에게 열릴 것이니

구하는 이마다 받을 것이요 찾는 이는 찾아낼 것이요 두드리는 이에게는 열릴 것이니라"(마 7:7-8).

기도에 대한 어떤 구절이라도 성경 전체가 기도를 가르치는 맥락 안에서 그 의미를 파악해야 하겠지만, 이 포괄적인 약속에 이것저것 성경을 따라 제한사항을 두다 보면 결국 이 약속을 믿기보다는 의심하는 편이 되기 쉽다. 하지만 예수님은 우리가 구하는 것을 말리지 않으셨다. 오히려 구하고, 찾고, 천국 문을 두드림으로 나타나게 "될" 결과를 세 차례에 걸쳐 강조하셨다. 나아가 우리에게 더욱 용기를 주시려고 "구하는 이마다 받을 것이요"라고 약속하셨다.

물론 우리는 구한 것을 그대로 받지 못할 수도 있다(내가 구했던 것들을 기억해보면 주지 않으신 하나님께 감사한다). 하지만 우리는 좋은 것을 받게 될 것이다. 왜냐하면 예수님은 계속해서 이렇게 말씀하셨기 때문이다. "너희 중에 누가 아들이 떡을 달라 하는데 돌을 주며 생선을 달라 하는데 뱀을 줄 사람이 있겠느냐 너희가 악한 자라도 좋은 것으로 자식에게 줄 줄 알거든 하물며 하늘에 계신 너희 아버지께서 구하는 자에게 좋은 것으로 주시지 않겠느냐"(9-11절).

하나님은 좋으시기 때문에, 자신에게 구하는 모든 자에게 "좋은 것"을 주신다. 우리는 좋은 것이 무엇인지, 그리고 하나님이 언제 좋은 것을 주실지 모른다. 어쩌면 여러 기도의 응답으로 주신 좋은 것들은 천국에 가야만 보일 것이기 때문이다. 하지만 예수님은 말씀하셨다. "구하라." 그저 구하라. 그러면 당신은 좋은 것을 받을 것이다.

31
항상 같은 기도를 하지 말라

―

어떤 사람은 항상 같은 기도를 한다. 하루에 한 번 기도해도 그 기도, 여러 번을 기도해도 그 기도를 반복한다. 성경에 나오는 구절을 그대로 읽을 때도 있고, 성경에 나오는 기도문 중 하나를 토씨까지 틀림없이 그대로 따라 기도할 때도 있다. 아니면 사람이 만들어 낸 기도문을 뱉어낼 수도 있다. 하지만 어느 경우든 하늘에서 그들의 기도를 들어보면 변화가 전혀 없어 음성 메시지를 녹음해서 틀어놓은 것과 다를 게 없다.

한 가지 기도만으로 기도 생활이 이루어질 수는 없다. 다양성이 결여된 기도는 결국 뜻 없는 말이 되고 만다. 예수님은 이러한 기도가 헛된 기도라고 말씀하셨다. 그래서 산상수훈에서 이렇게 경고하신다. "또 기도할 때에 이방인과 같이 중언부언하지 말라 그들은 말을 많이 하여야 들으실 줄 생각하느니라"(마 6:7).

그렇다면 주기도문에서 예수님이 가르치신 기도는 어떠한가? 누가복음 11장 2절을 보면 이 기도문의 서두에서 예수님이 꺼내신 말씀, 즉 "너희는 기도할 때에 이렇게 하라"는 말부터 이미 이 기도문을 글자 그대로 반복하라는 뜻이 아닌가? 이는 영감된 말씀으로서, 예수님이 특별히 그렇게 기도하라고 말씀하셨는데 어떻게 "중언부언"이라고 할 수 있단 말인가?

예수님이 누가복음 11장 2절에서 이렇게 명령하셨기 때문에 이 기도문에 있는 단어 그대로 기도하는 것도 타당하다. 하지만 예수님이 마태복음 6장 9절에서 이 기도를 가르치실 때 "그러므로 너희는 이렇게 기도하라"는 말로 시작하셨다는 사실을 기억하라. 그렇기 때문에 2세기 이후로 내내 예배자들이 한 목소리로 이 기도문을 낭송했지만, "모범" 기도라고 불러 온 것이다. 이 기도문에서 예수님은 우리가 기도할 때 포함해야 할 모든 요소를 모범으로 보이셨기 때문이다. 그렇지만 사도들조차 여기에 나오는 주님의 말씀을 우리가 기도할 때 문자 그대로 정확히 따라야 하는 유일한 기도문으로 이해하지 않았다. 신약에서 사도들이 이 기도를 있는 그대로 반복했다거나 다른 이에게 그렇게 하라고 가르쳤다는 내용이 없기 때문이다. 신약에 나오는 다른 기도들이 이 기도의 모범을 따르기는 하지만, 그 형태를 따르지는 않는다. 이 모범 기도와 일맥상통한 성경에 나오는 어떤 기도라도 마음을 다해 그대로 기도하거나 모범으로 활용할 수는 있다. 하지만 그 어느 것이라도, 의례적으로 반복해야 하는 원고로 받아들여서는 안 될 일이다.

또 예수님은 기도에 인내가 중요함을 가르치셨다(마 7:7-8, 눅 18:1-8

참고). 즉 같은 것을 두고 여러 번 기도하는 일(심지어 몇 년 동안이라도)이 종종 필요하다는 뜻이다. 하지만 같은 것을 두고 자주 기도하는 일과 같은 기도를 뜻없이 반복하는 일은 전혀 다르다. 우리는 "딱 맞는 말"을 찾았다고 해서 그때부터 그 말을 우리 기도생활의 총계로 삼아서는 안 된다.

언제나 한 가지 기도를 드리는 편이, 기도를 가르치는 성경의 모든 내용에 따라 기도하는 법을 배우기보다 간단해 보일지 모른다. 하지만 실제로 그러한 기도는, 기도를 그저 하나님이 우리가 제시하는 것을 다 하시게 만드는 비법으로 격하시킨다는 면에서 지나친 단순화다. 모든 성경이 기도에 관해 우리를 인도한다. 우리가 한 가지 기도만 반복하면서 하나님이 기도에 관해 말씀하신 성경의 다른 내용들을 의도적으로 무시한다면 우리 기도는 헛수고에 지나지 않을 것이다.

게다가 성경은 우리에게 "그의 앞에 마음을 토하라"(시 62:8)고 초대하고 있다. 하나님께 말씀드릴 수 있는 특권은 "중언부언"으로 만족하기에는 너무나 큰 특권이다.

32
성경 말씀으로 기도하라
—

"중언부언"은 모든 면에서 영성에 안 좋은 영향을 미치지만, 기도와 관련해서는 특히 그러하다. 예수님은 경고하셨다. "또 기도할 때에 이방인과 같이 중언부언하지 말라 그들은 말을 많이 하여야 들으실 줄 생각하느니라"(마 6:7). 예수님이 기도를 공허하게 반복하는 행위를 금하신 이유는 우리가 그렇게 기도하기 쉽기 때문이다. 나도 기도를 암송해서 마냥 반복하는 일은 없었지만, 항상 기도하는 같은 내용으로 기도하는 경향이 있다. 그러면 곧 집중력이 깨지고 기도의 열정은 차갑게 식어버린다. 문제는 항상 기도하는 것을 기도한다는 사실이 아니다. 왜냐하면 예수님은(눅 11:5-8, 18:1-8에서) 좋은 것을 위해 인내하며 기도하라고 가르치셨기 때문이다. 우리가 기도할 때 문제는 의례적인, 마음을 담지 않은, 변함없는 표현에 있다.

내 경험상 이 문제에 관해 틀림없는 해결책은 성경 본문으로 기도하는 것이다. 평소에 하는 대로 기도하지 말고 시편 한 편을 따라서 기도해보라. 이러한 기도는 성경 말씀을 가져와 내 말로 바꾸어 표현하거나, 아니면 말씀에서 하나님께 기도할 내용의 힌트를 얻는 식이다.

예를 들어 시편 27편으로 기도하려고 한다면 나는 1절을 읽으며 이렇게 시작하겠다. "여호와는 나의 빛이요 나의 구원이시니." 그리고 이렇게 기도한다. "주님 감사합니다. 당신은 저의 빛이십니다. 제게 빛을 주셔서 예수님과 당신의 용서가 필요하다는 사실을 보게 하시니 감사합니다. 제 길에도 빛을 비추셔서 오늘 제 앞에 있는 큰 결정을 내릴 때에 어느 길로 나가야 할지 알게 하소서. 그리고 특별히 제 구원이 되어 주셔서 감사합니다. 주님이 저를 구원하셨습니다. 저는 스스로를 구원하지 못합니다. 그리고 이제 제 자녀 역시 구원해주시기를 간구합니다. 또 제가 복음을 나누었던 직장 동료들에게도 그리해주십시오."

더 기도할 내용이 떠오르지 않아도 내 마음은 더 이상 방황하지 않고 다음 이정표를 향한다. 즉 1절의 나머지 부분이다. "내가 누구를 두려워하리요." 그러면 나는 다음과 같이 기도한다. "주님 감사합니다. 주님이 제 아버지가 되어 주시니 아무것도 두렵지 않습니다. 그런데도 제가 사실은 _____를 두려워했다는 사실을 고백합니다." 이런 식으로 나는 각각의 절을 따라가면서 마음에 떠오르는 대로 시편을 마칠 때까지 또는 시간이 다할 때까지 기도할 것이다.

성경 말씀으로 하는 기도는, 역사상 가장 유명한 기도의 사람이 살아가는 방식도 변화시킬 정도로 단순하고 강력한 방법이다. 조지 뮬러는 말했다.

> 에전에 나는 일어나는 대로 가능한 일찍 기도를 시작했다. 그리고 보통
> 아침 식사 때까지 기도했다…그 결과는?…보통은 기도를 시작하고 십
> 분 내지 십오 분, 심지어 삼십 분 동안은 마음이 잡히지 않아 애를 먹은
> 후에야 정말로 기도할 수 있었다.
> 하지만 이제 나는 이러한 이유로 힘들어하는 일이 거의 없다. 내 마음
> 이 진리로 충만하고, 하나님과 경험에 의거한 친밀한 교제로 들어선 상
> 태로 아버지께 말하기 때문이다…아버지께서 귀중한 말씀으로 내 앞에
> 베풀어 주신 것들에 관해서 말이다.[1]

예수님도(마 27:46), 사도행전에서 예수님을 따르던 자들도(행 4:24-
26) 모두 시편 말씀으로 기도했다(각각 시 22:1, 시 146:6, 시 2:1-2으로 기도함).
왜 당신이라고 안 되겠는가? 당신이 "항상 기도하던 것"을 기도할
지라도 전혀 새로운 방식으로 할 수 있다. 그러면서 당신 역시 전혀
생각지 않았던 것들, 즉 하나님의 마음에 있는 것들을 기도하게 된
다. 당신은 더욱 집중하게 되고 기도를 진정한 인격적 존재와 나누
는 진정한 대화로 경험하기 시작하게 된다. 성경은 참으로 하나님
이 당신에게 말씀하시는 것이기에, 당신이 해야 할 일은 그저 그분
의 말씀에 반응하는 것뿐이다.

33
다른 이의 기도문으로 기도하라

―

보통 다른 사람의 기도를 글로 읽는 일은 사람을 지치게 만든다. 나는 한 사람 또는 여러 경건한 성도의 기도를 편집한 책을 몇 권 읽어봤다. 가끔은 그런 기도문이 내 마음을 흔들기도 했지만 보통은 내 기도에 힘을 더해주지는 못했다.

하지만 예외가 있었으니 바로『환상의 골짜기 : 청교도의 기도와 신앙고백 모음집』*The Valley of Vision: A Collection of Puritan Prayers and Devotions*[2]이었다(복있는 사람 역간). 게다가 어떤 책보다도 이 책을 주위 분들에게 선물로 많이 드렸다. 이 책이 그렇게 도움이 된다고 생각했던 이유는 이 책의 편집자가 기도 선집을 상당히 많이 조사했고 (하지만 부제에도 불구하고 모두 청교도의 기도인 것은 아니다) 그중에 최고를 추린 내용이기 때문이다.

예를 들면 이렇다(물론 이러한 짧은 축약본은 몇 페이지에 달하는 기도의 아름다움과 느낌을 정확하게 반영하지 못한다).

내 아버지여,

내 마음을 넓혀 주소서. 내 마음을 따뜻하게 하소서. 내 입술을 여서서

"사랑은 갈보리에서 빛을 발합니다."라고 선포하는 말을 주소서.

거기에서 은혜로 내 짐을 벗겨 당신의 아들 위에 쌓으셨으니,

그분은 나를 위해 범죄자가 되시고, 저주가 되시고, 죄가 되셨습니다…

내 구주께서 모든 눈물을 흘리셔서 내 눈에서 눈물이 사라지게 하셨고,

신음하셔서 나로 끝없이 노래하게 하셨고,

모든 고통을 감내하셔서 나로 쇠하지 않는 건강을 누리게 하셨고,

가시관을 쓰셔서 나로 영광의 관을 쓰게 하셨고,

머리를 숙이셔서 내가 머리를 들게 하셨고,

비난을 받으셔서 나로 환영받게 하셨고,

죽음 가운데 눈을 감으셔서 나로 구름 없는 밝음을 보게 하셨고,

죽으셔서 나로 영원히 살게 하셨습니다.

오 아버지, 자신의 독생자도 아끼지 않으시고 우리를 살리신 분…

제 입술과 삶으로 당신을 경외하도록 도우소서.[31]

또 있다.

주님, 높고 거룩하시며, 온유하시고 겸손하셔라.

나를 환상의 골짜기로 옮기셨습니다.

나는 여기 낮은 데 살면서 높은 곳에 계신 주님을 봅니다.

죄의 산에 둘러싸였지만 주님의 영광을 봅니다.

역설로 배우게 하소서.

내리막길이 오르막길이며,

낮아짐이 높아짐이며,

아픈 마음이 치료 받은 마음이며,

뉘우치는 영이 즐거워하는 영이며,

회개하는 영혼이 승리하는 영혼이며,

아무것도 가지지 않음이 모든 것을 소유함이며,

십자가를 지는 것이 면류관을 쓰는 것이며,

주는 것이 받는 것이며,

골짜기가 환상을 보는 곳임을.

주여, 가장 깊은 우물에서는 낮에도 별이 보이오니,

우물이 깊을수록 당신의 빛은 더 환하게 빛납니다.

나의 어둠 가운데 당신의 빛을 찾게 하소서.

나의 죽음 가운데 당신의 생명을,

나의 슬픔 가운데 당신의 기쁨을,

나의 죄 가운데 당신의 은혜를,

나의 가난 가운데 당신의 부유를,

나의 골짜기에서 당신의 영광을 찾게 하소서.[4]

그저 이 기도를 주문처럼 반복하는 것이 방법은 아니다. 오히려 이 기도문은 마음과 생각에 하나님을 향한 불꽃으로 불을 일으키도록 고안되었다. 그래서 당신 자신의 언어가 내뿜는 화염에 휩싸여

불타오르게 하기 위한 것이다. 당신만의 언어로 표현할 때 영적인
냉기가 돈다면 다른 이의 기도문으로 하는 기도를 시도하라.

34
기도 산책을 하라

——

보통 영적 훈련에서 가장 힘든 일은 기도 중에 계속 집중하는 것이다. 나는 기도만 하려고 하면 하나님께 말하는 게 아니라 해야 할 일 목록을 떠올리거나 몽상을 하곤 했었다. 하지만 실내에 있는 널찍한 공간(교회 건물과 같은)이나 실외에서 기도하며 걷다 보니 마음이 옆길로 새는 일이 줄어들었다. 그리고 보통은 걷는 동안 주기적으로 기도를 떠올리려고 작은 성경을 챙긴다.

날씨를 즐기며 걷는 것은 나태한 영혼에 기운을 불어넣어준다. 푸른 하늘을 올려다보거나 지평선 너머를 바라보면 하나님의 위대하심을 새롭게 느낀다. 내 아버지가 지으신 세상이 주는 풍경과 향기와 소리는 나를 둘러싼 그분의 임재를 기억하게 한다. 또 리듬에 맞춰 걷다가 때때로 멈춰서 먼 곳을 바라보고 있노라면, 눈을 감은 채로 조용히 있는 편보다 더 쉽게 기도에 집중할 수 있다.

아브라함의 아들인 이삭은 성경에서 하나님의 일을 생각하며 걸었던 대표적인 본보기이다. 창세기 24장 63절은 이렇게 기록한다. "이삭이 저물 때에 들에 나가 묵상하다가." 400년 전 영국의 청교도 조세프 홀은 많은 영향을 끼친 책 『거룩한 묵상의 기술』에서 이렇게 쓴다.

> "묵상을 가르치는 모든 선생은 자신의 성향과 방법에 따라 몸의 자세를 다양하게 할 것을 권한다…하지만 나는 그 모든 자세 중에서 이삭의 선택이 최고라고 생각한다. 즉 걸으며 묵상하는 것이다."[5]

아마도 교회 역사상 조지 뮬러보다 묵상 기도의 삶과 깊이 관련된 인물은 없을 것이다. 그는 19세기 잉글랜드 브리스톨에서 살았다. 거기서 그는 고아원을 설립했고 문서 배포 사역을 했다. 뮬러는 기도에 구체적으로 응답받은 경험을 오만 번 이상 기록했는데, 그중 삼만 번은 기도한 당일에 응답을 받았다고 한다. 그러한 그가 보통 드린 기도의 형태가 묵상하는 기도 산책이었다는 점에 주목하라.

> 나는 이렇듯 아침 식사 전에 묵상을 하며 걷는 일이 건강에 매우 유익하다는 사실을 깨달았다. 그리고…보통은 신약 성경을 챙긴다…그러면 외부에서 시간을 더 유익하게 보낼 수 있다.
>
> 나는 종종 걷기에 소비하는 시간을 낭비라고 생각했었다. 하지만 이제는 그 시간이 매우 유익하다는 사실을 깨달았다. 몸에만 그런 것이 아니라 영혼에도 그렇다…왜냐하면…나는 아버지께 말씀드리기 때문이

다…아버지께서 그분의 귀중한 말씀으로 내 앞에 베풀어 주신 것들에 관해서 말이다.[6]

기도 중에 집중력을 유지하려고 하는 노력도 단순화하라. 즐겁게 걸으며 하나님의 말씀으로 하나님과 대화하며 몸과 영혼을 새롭게 하라.

35
필요없는 말을 빼고 기도하라
—

"그리고 아버지여, 우리는, 음, 그저 당신의 축복에 감사드립니다. 그리고, 어, 우리는 그저, 주님, 어, 그저 주님께 감사합니다. 왜냐하면, 음, 우리에게 그저 선하셨기 때문입니다. 아버지, 아버지여, 우리는 그저 우리 죄를 그저 용서해 주시기를 구합니다. 그리고, 음, 이제 우리를 그저 축복하소서. 아버지여, 그저 인도하소서. 보여주시고, 가르쳐주소서. 주님. 그리고 우리는 이 모든 것을 예수님의 이름으로, 아버지여, 그저 기도합니다. 아멘."

영혼을 시들게 하는 이런 기도에는 여러 문제가 있지만, 특히 두 가지를 지적하고 싶다. 그리고 그 두 가지 모두 목적 없이 단어를 사용하는 것과 관련이 있다.

우선 하나님께서 세 번째 계명에서 하신 말씀을 기억하라. "너는 네 하나님 여호와의 이름을 망령되게 부르지 말라 여호와는 그의 이름을 망령되게 부르는 자를 죄 없다 하지 아니하리라"(출 20:7). 이 구절을 원어인 히브리어로 보면 우리가 주님의 이름을 헛되이 또는 목적 없이 사용하지 말아야 한다는 뜻이다. 우리가 기도할 때 하나님의 이름을 마치 단어 사이를 때우는 용도로 사용하거나, 실질적인 목적 없이 반복해서 계속 부른다면 그분의 이름을 망령되게 부르는 것이다.

둘째, 반복해서 주님의 이름을 사용한다거나, "음," "어," "그저" 와 같은 말을 사용한다는 것은 생각 없이 기도한다는 사실을 드러낸다. 기도에 나서기는 했지만, 아무렇게나 되는 대로 이 생각에서 저 생각으로 목적 없이 표류하는 것이다. 그 사람은 그저 기도는 하고 있지만 특별히 무언가에 대해서 기도하지는 않는다. 이러한 기도 형태는 또 마음이 수반되지 않는 기도의 경향을 띤다. 그 단어들은 공허하다. 기도에 어떠한 긴급함이나 중요함의 느낌도 담아내지 못한다. 우리 기도가 우리조차 움직이지 못하는데 어떻게 하나님을 움직일 수 있다고 생각하는가? 성경 어디를 찾아봐도 그렇게 무미건조하고 김빠진 기도는 없다. 오히려 우리는 성경에서 엘리야와 같이 "간절히 기도"(약 5:17)하는 사람들을 확인한다.

불필요하고 의미 없는 말을 제거하면 우리의 기도는 더 분명하고 강해질 것이고, 하나님과 목적을 품고 나누는 대화에 더 근접하게 된다.

36
실제 기도방을 만들라
—

나는 참나무 책상에서 오랫동안 사용한 스완 만년필로 이 글을 쓰고 있다. 왼팔은 『작가의 집』Writer's Houses[7]이라는 책 위에 올려두고 있다. 오른편 책꽂이에는 『작가의 책상』Writer's Desk[8]이라는 사진집이 있다. 나 역시 작가이기에, 유명한 저자들이 작품을 만들어 내는 사적인 공간을 담은 사진을 보는 일이 즐겁다.

작가라면 자기 집에 저술을 위한 방이 따로 있을 것이고, 음악가라면 음악을 위한 공간을 주거 시설에 따로 마련했을 것이고, 예술가라면 자신이 살고 있는 집의 방 하나는 스튜디오로 쓸 것이라고 우리는 으레 생각한다. 많은 사람이 집에도 사무실을 마련해 업무일부 내지 전부를 처리하기도 한다. 그렇다면 왜 그리스도인은 집에 기도만을 위한 공간을 만들지 않는가?

산상수훈에서 예수님은 위선자들이 다른 사람에게 기도 소리를 들리게 하여 감동을 주는 일을 얼마나 사랑하는지 말씀하셨다. 예수님은 가르치신다. "너는 기도할 때에 네 골방^{room}에 들어가 문을 닫고 은밀한 중에 계신 네 아버지께 기도하라 은밀한 중에 보시는 네 아버지께서 갚으시리라"(마 6:6).

킹 제임스 버전을 보면 여기서 골방^{room}이라고 번역된 단어가 밀실^{closet}로 되어 있다. 그래서 이제는 구식이 되어버린 "기도실"^{prayer closet}이라는 용어가 나왔던 것이다. 주님이 이 구절에서 가장 중점을 두신 사항은 진심으로, 겸손하게, 혼자 드리는 기도의 중요성이다. 그렇다면 하나님과 만나기 위한 장소, 즉 기도실을 마련하지 않을 이유가 무엇인가?

많은 사람이 전적으로 기도만을 위한 공간을 마련하기 어려운 것이 현실이다. 하지만 운동을 위해 방 전체를 꾸며 놓은 사람이 영적인 훈련을 위해서는 장소를 전혀 마련하지 못한다면 이는 무엇을 말하는가? 아이들이 뛰어 놀도록 널찍한 공간을 마련하면서도 기도할 공간은 마련하지 못한다면 이는 무엇을 말하는가? 집에서 가장 넓은 부분은 우리의 즐거움을 위해 커다란 텔레비전과 오디오 시스템과 컴퓨터로 채워 넣고 세상의 소리를 들으면서도, 하나님을 만날 장소에 관해서는 아무 계획이 없다면 이는 무엇을 말하는가?

책상을 일과 기도의 용도로 함께 쓸 수 없다는 말도 아니고, 텔레비전을 보는 의자에서 성경을 볼 수 없다는 말도 아니다. 다만 그리스도인의 집은 작은 방이든 개조한 밀실이든, 그 구조만으로도 하나님께 드리는 기도가 중요하다는 사실을 드러내야만 하지 않겠느냐는 말이다.

37

오늘의 계획을 따라 기도하라

———

하루 계획을 짜는 일도 경건 생활의 중요한 부분이 될 수 있다는 사실을 아는가? 잠언 16장 3절은 다음과 같이 지혜롭게 권고한다. "너의 행사를 여호와께 맡기라 그리하면 네가 경영하는 것이 이루어지리라." 여기서 말하는 "경영하는 것"을 다른 번역본은 종종 "계획"이라고 옮긴다. 그리고 당신 앞에 있는 하루에 대한 "경영"에는 일반적으로 그날에 대한 "계획"이 포함된다. 즉 이 구절에 따르면 "너의 행사를 여호와께 맡"겨야만 이러한 계획이 "이루어"지는 것이다.

물론 다른 성경 말씀을 보면 우리 계획이 하나님의 뜻과 맞지 않으면 그 계획이 이루어지는 것을 기대할 수 없다고 가르친다. 하지만 이 구절은 우리의 계획과 우리의 일 사이에 존재하는 또 다른 연결고리를 말한다. 즉 우리의 행사를 주님께 맡겨야만 한다는 사실이다.

여기서 "맡기라"로 번역된 히브리어 단어는 한 사람의 짐을 주님께 넘긴다는 의미로서 "넘기다"라는 뜻을 지닌다. 같은 단어가 시편 37편 5절 첫 단어에 쓰인다. "네 길을 여호와께 맡기라 그를 의지하면 그가 이루시고."

어떻게 이렇게 할 수 있는가? 한 구약학자는 말한다. "이 일은 겸손한 영과 부지런한 기도라는 수단을 통해 이루어진다."[9]

이를 구체화하기 위해 내가 종종 사용하는 방법이 한 가지 있다. 그날에 해야 할 일 목록을 나열하고 각 항목마다 시간이 얼마나 걸릴지 대략적으로 기록하는 것이다. 고정된 업무를 고려하면 보통은 목록에 있는 모든 일을 할 시간이 부족하기 마련이다. 하지만 미리 이 사실을 알고 하루를 시작하는 편이 날이 저물어 갈 때 좌절감에 휩싸이는 편보다는 언제나 낫다. 나는 기도하는 마음으로 해야 할 일 목록을 보면서 어떤 일이 우선인지, 내일로 미뤄야 할 일이 무엇인지 결정한다. 그리고 목록에 남아 있는 항목은 주님께 맡긴다. 그분의 인도와 축복을 구하면서 말이다.

나는 그날에 예상되는 모든 일을 주님께 넘김으로써 영성과 일상 생활을 통합하는 식으로 영적 생활을 단순화한다. 즉 "실제 생활"과 하나님의 일을 명확하게 구분하거나, 경건 생활을 하루의 일정 부분에만 해당된다고 생각하지 않고 하루의 모든 순간마다 하나님을 바라본다. 그리고 하루를 이렇게 시작하면 그날은 보통 자잘한 일들을 하고 일상적인 활동을 하는 가운데서도 하나님을 더 잘 의식한다.

내 계획에 관해 하나님의 뜻을 전혀 고려하지 않고 하루를 시작하거나, 주님께 맡기지 않고 내 일을 시작한다면 이는 이 세상에 죄를 들어오게 만든 류의 자립심을 반영하는 것이다. 이와 반대로 참된 영성의 핵심은 하나님께 의존하는 것이다. 예수님은 의지하는 기도로 하루를 시작하셨다. 또 우리를 대신해서 예수님이 행하신 일을 의지할 때 우리가 하나님께 받아들여지는 것과 같이, 한 날에 있을 삶의 모든 세부 사항에 관해 하나님을 의지하며 의식적으로 하나님을 향하는 모습에 지혜가 거한다.

38
기도 알림이를 활용하라
—

내가 매주 여러 차례 지나치는 고속도로 가에는 못보고 지나치기 어려울 정도로 큰 간판이 하나 있다. 나는 그 간판을 볼 때마다 어느 한 사람을 위해 기도하라는 신호로 여긴다. 그리고 그 길을 계속 가다보면 우리 도시가 한 눈에 보이는 지점이 나온다. 그러면 그 광경을 보면서 우리 지역에 하나님이 일하셔서 개혁과 부흥을 일으켜 주시기를 간구한다. 또 디지털 시계를 확인했는데 특정한 시간이면 아내와 딸을 위해 기도하라는 신호로 여긴다.

나는 이 모든 것을 "기도 알림이"prayer prompts라고 부른다. 즉 특별한 사람이나 상황을 위해 기도하도록 나를 일깨우는 대상으로 활용하는 것들이다.

그리스도인은 언제나 평범한 대상을 활용하여 생각을 하늘로 향하게 하는 수단으로 삼아 왔다. 많은 청교도가 아침에 옷을 입을 때면 옷가지마다 해당하는 문제를 두고 간단하게 기도하는 일을 습관으로 삼았다. 나는 사이렌 소리를 들을 때마다 기도하는 사람도 몇명 알고 있다.

이는 모두 사도 바울의 습관과 닮아 있다. 바울은 빌립보에 있는 교회 생각이 날 때마다 거기에 있는 형제자매를 위해 기도하라는 신호로 활용했다. "내가 너희를 생각할 때마다 나의 하나님께 감사하며 간구할 때마다 너희 무리를 위하여 기쁨으로 항상 간구함은"(빌 1:3-4).

일상의 무언가를 기도 알림이로 삼아보지 않겠는가? 풍경, 냄새, 소리, 생각, 사건, 경험, 무엇이든 가능하다. 이러한 신호를 집에서, 직장에서, 출퇴근길에서, 온라인에서, 책상에서, 모든 곳에서 찾으라.

밤에 자다가 깰 때마다 가족의 구원을 위해서 기도할 수 있다. 이를 닦을 때는(당신은 무언가 생각을 해야만 한다!) 교회를 위해 기도할 수 있다. 텔레비전, 라디오, 인터넷에서 어떤 특정한 광고를 보거나 들을 때마다 (그리고 특별히 싫어하는 광고라면) 복음을 접하지 못한 자들을 위해 기도할 수 있다. 어떤 광고판을 보면서는 하나님께 낙태를 멈추게 해달라고 구할 수 있다. 어느 특정한 곳에서 보내오는 이메일은 주님을 향한 당신의 신실함을 지키게 해달라는 신호가 될 수도 있다.

나는 이러한 때만 여러 가지 문제를 위해 기도하는 유일한 시간으로 삼으라고 제안하는 것이 아니다. 오히려 이러한 기도 알림이들은 특별하게 중요하거나, 계속해서 중요한 것들을 위해 추가로 기도해야 함을 알려주는 역할을 할 뿐이다.

일상적인 것, 심지어 부정적인 것조차도 하나님께 생각을 돌리게 하는 무언가로 바꾸라.

단순화와 일지

PART **4**

39
간단하게라도 일지를 쓰라
——

당신은 증조부의 이름을 알고 있는가? 족보 보는 일이 취미가 아니
라면, 아마도 대답은 "아니요"일 것이다. 그분들도 우리처럼 충실한
삶을 사셨다. 학교를 다니셨고, 결혼을 하셨으며, 자녀를 두셨다. 수
십 년 동안 여러 직장에서 일하고, 지금 당신의 부모님이 되신 손주
들과 놀아주기도 하셨다. 아마도 당신의 증조부는 백 년 전에 분명
히 살아 계셨을 것이다. 하지만 그분들의 삶이 지나간 후, 그분들이
이곳에서 한 때 호흡하셨다는 사실을 누가 의식이나 하는가? 그 여
덟 분의 직계 후손인 당신조차도 그분들의 이름을 모르는데, 그분
들과 그분들에 관한 것을 아는 사람은 이 세상에 아무도 없을 것이
분명하다. 그분들은 팔십 년을 사셨을지도 모른다. 하지만 그 삶의
자취는 전혀 남아 있지 않다.

　　그리고 지금부터 백 년이 되지 못해 바로 당신의 삶이 그렇게 될
것이다.

당신의 긴 인생, 당신의 모든 고된 노력, 당신의 모든 업적, 당신이 자녀와 손주를 위해서 행한 모든 일, 그들과 함께 했던 모든 시간에도 불구하고, 지금부터 천 개월이 되지 못해 아무도 당신에 관해서 그 무엇도 기억하지 못할 것이다. 다만 당신이 남긴 기록은 그렇지 않다.

삶의 자취를 남기는 것이야말로 일지를 쓰는 단 한 가지 이유이다. 하나님의 백성은 성경 시대 이후로 하나님이 자신의 삶에 행하신 일과 그 방식을 기록으로 남겨 오고 있다. 성경 자체가 하나님이 영감하신 일지를 담고 있다. 많은 시편은 다윗이 주님과 함께 한 영적 여정의 정수에서 나온 글이다. 또 예루살렘의 멸망을 바라본 선지자 예레미야의 감정을 일지로 남긴 것을 애가라고 한다.

일지를 쓰는 일은 우리가 행하는 어떤 영적 훈련에 비해서도 가장 유익하고 가장 결실이 많은 훈련이 될 수 있다. 일지는 무엇보다도 자신을 이해하고 평가하는 데 도움을 주며, 주님과 그분의 말씀을 묵상하고, 우리의 가장 깊은 감정을 주님께 표출하고, 우리 삶에서 그분이 행하신 일을 기억하는 데 유익하다. 일지는 영적인 유산을 창조하고 보존하며, 하나님이 주신 통찰과 감동을 분명히 밝히고 정확히 표현하는 데도 도움이 된다. 또한 목표와 우선순위를 관찰하고, 다른 영적 훈련을 유지하는 데에도 도움이 된다.[1] 이렇게 일지는 영적인 건강에 유익을 주는데, 최근의 의학 연구에 따르면 일지를 쓰면 신체 건강에도 유익이 있다고 한다.

하지만 몇몇 사람은 일지 쓰기가 실제보다 더 복잡하다고 생각한다. 하지만 사실 일지 쓰기는 매우 간단하다. 그저 쓰면 된다. 다른 영적 훈련과 달리 일지를 쓰는 데는 옳은 방법도 없고 그른 방법도 없다. 어떤 사람의 일지를 보면 주로 그날의 사건에 대한 반성으로 이루어져 있다. 어떤 이는 성경 묵상이 대부분이다. 어떤 이는 기도나 시, 또는 위에서 다룬 모든 내용을 아무렇게 조합해서 채우기도 한다.

일지를 매일 써야만 한다거나 반드시 몇 줄 이상은 되어야 한다는 규칙도 없다. 손으로 쓸 수도 있고, 컴퓨터로 작성할 수도 있으며 심지어 음성을 녹음하거나 영상을 녹화할 수도 있다.

가장 단순한 방법이 최고다. 그리고 아마도 일지는 하나님의 신실함에 대해 당신이 평생에 걸쳐 쌓아 올리는 기념물이 될 것이다. 또 오랜 시간이 흐른 후에도 당신의 증손자들에게 당신의 삶과 믿음을 소개하고, 그들이 그리스도를 향하도록 영향력을 미칠 수 있는 것도 바로 그 일지가 될 것이다.

40
무작위로 일지 쓰기 실천법

___

아마도 그리스도인이 일지를 기록하는 가장 일반적인 형식은 그날 있었던 사건을 돌아보는 것과 성경을 묵상하는 것이다. 하지만 이 외에도 때로는 다음과 같이 무작위로 떠오르는 생각들을 적어보는 것도 좋다.

- 기도

- 설교 노트

- 쓰고 싶지만 보내지 않을, 보낼 수 없는 편지

- 마인드 맵(토니 부잔^{Tony Buzan 2)}의 『마인드 맵 북』*The Mind Map Book*을 읽고 그의 기법을 활용하여 당신의 생각 특히 말씀 묵상을 일지에 담기)

- 책이나 설교에서 인용한 말, 친구나 선생님 등에게서 들은 말

- 당신이 읽은 내용과 상호작용 (어쩌면 일종의 서평이어도 좋다.)

- 생각하게 만드는 질문들

- 시
- 당신이 간직하면 좋을 어린 시절 기억들
- 그 해에 읽은 책 목록(혼자 읽은 책 또는 가족에게 읽어준 책)

　이외에도 당신의 일지 작성을 더욱 유익하게 해줄 다섯 가지 제안이 있다.

- 일지를 쓸 시간이나 마음이 생기지 않을 때는 한 문장만 기록하라. 그러면 거의 언제나 조금 더 써야겠다는 마음이 생기기 마련이다. 비록 한 줄만 작성해도 그 몇 단어가 당신의 삶에 이 영적 훈련을 지키도록 돕는다.
- 일지를 몇 부 더 복사하라(또는 기록한 내용을 사진으로 찍으라). 그리고 적절한 성경 파일 또는 주제 파일에 두라. 예를 들어 당신이 요한복음 3장 16절을 묵상했다면 "요한복음"이라고 라벨을 붙인 파일에 그 복사본을 두거나, 성경과 관련된 자료 파일에 두는 식이다. 그리고 "하나님의 사랑"이라는 파일에 그 복사본을 둘 수도 있다. 그러면 당신이 다음에 요한복음 3장 16절이나 하나님의 사랑을 연구하거나 가르치려고 할 때 당신이 묵상했던 결과를 빠르게 찾아볼 수 있다.
- 일지에 색인을 붙이라. 색인 작업을 하면 몇 년 후에도 찾아보거나 활용할 수 있다. 내용마다 제목("차량 문제")을 붙이는 사람도 있고, 아니면 주제만("교회" 또는 "일") 여백에 기록하는 사람도 있다. 당신이 컴퓨터로 일지 작업을 한다면 색인 기능을 활용하라. 오늘

날 우리는 탁월한 목회자인 조나단 에드워즈가 자신의 『신학묵상집』Miscellanies을 색인 작업했다는 점에 감사한다. 그는 각 내용에 숫자를 매겼다. 그리고 다른 곳에는 알파벳 순으로 된 주제 아래 그 숫자를 기록했다. 예를 들어 287번 내용이 "죄"와 "구원"에 모두 해당한다면 "죄"라는 주제와 "구원"이라는 주제 아래 그 숫자를 기록하는 식이다. 에드워즈는 언급한 모든 성경 구절도 색인 작업을 했다. 이렇게 해서 그는 자신이 어떤 주제나 구절에 관해 생각하거나 기록한 내용을 빠르게 찾을 수 있었다.

• 빠르게 쓰라. 일지 작성은 보통(거의 항상?) 느긋하게 사색하는 경험이 되어야 하지만 때로는 빨리 쓰면 당신이 정말로 생각하는 바를 더 자유롭게 말할 수 있다. 이러한 이유로 글쓰기 지도자들은 연습 삼아 쓰는 글, 초고, 일지 등을 빠르게 퇴고 없이 쓰도록 권한다. 문법이나 형식을 신경 쓰지 않아도 될 때 마음에 있는 내용을 그대로 쓸 수 있기 때문이다.

• "내가 정말로 하고 싶은 말은…"이라는 글귀로 글을 시작하라. 이 말은 종종 당신이 말하고자 하는 지점에 바로 당신을 데려가, 진정으로 감정을 표출하도록 돕는다.

당신이 부지런히 일지를 쓰고 있든 아니면 이제 막 시작했든, 일지 작성 및 그 외 다른 모든 영적 훈련의 궁극적인 목적은 "경건에 이르[는]"(딤전 4:7) 것임을 명심하라.

41

질문으로 당신의 영혼을 살피라

——

조지 횟필드(1714-1770)는 "18세기 가장 유명한 복음전도자이자 개신교 역사상 가장 위대한 순회 설교자"였다.[3] 그는 매일 밤 잠자리에 들기 전 일지를 펴고 표지 안에 기록해 둔 다음 질문으로 자신의 영혼을 살폈다.

나는

① 열렬히 기도했는가?

② 모든 대화나 행동 전후에 이 일이 어떻게 하나님께 영광을 돌릴지 생각했는가?

③ 즐거운 일이 있을 때 바로 감사했는가?

④ 하루에 있을 일을 미리 계획했는가?

⑤ 모든 일에 소박하고 차분하게 임했는가?

⑥ 모든 일에 내 말과 행동은 온유하고 유쾌하며 공손했는가?

⑦ 교만하거나, 자만하거나, 천박하게 굴거나, 다른 이를 질투하지 않았
   는가?

⑧ 먹고 마시는 일에 절제했는가? 감사했는가? 잠은 적당했는가?

⑨ 누군가를 불쾌하게 생각하거나 나쁘게 이야기했는가?

⑩ 모든 죄를 고백했는가?[4]

더 유명한 동시대 사람인 조나단 에드워즈는 지금도 널리 회자되
는 결심문을 목록으로 엮어 냈다. 그리고 이 목록을 일지에 붙여 두
고 자주 참고했다. 그 결심은 평생 그의 영적인 목표이자 우선순위
가 되었다. 이 결심문에 관해서 잘 알려진 사실이 있다. 즉 에드워즈
가 정기적으로 이 결심문에 비추어 자신을 평가하고 그 결과를 일
지에 기록했다는 점이다.[5]

횟필드와 에드워즈의 삶과 성품이 점차 그리스도와 닮아가는 데
는 이렇게 지속적으로 영혼을 살피는 질문을 스스로에게 던진 일이
적지 않은 역할을 했다.

나는 횟필드와 에드워즈(그리고 교회 역사상 수많은 다른 이들)가 지켰던
이 습관을 진심으로 권하지만, 이와 같은 질문을 활용하는 다른 방
법들도 있다. 즉 당신의 개인 영성뿐 아니라 구체적인 사항도 스스
로에게 묻는 것이다. 예를 들어 결혼과 가족생활, 일, 인터넷 습관,
재정 관리 등과 같이 순종이 필요함을 계속 상기해야 하는 삶의 모
든 영역에 관해 스스로 묻는 것이다. 몇 년 전 나는 과거의 서약을
상기시키는 용도로만 아니라, 새로운 습관을 개발하기 위한 용도로

비슷한 방법을 활용했다. 당신이 만든 질문 목록이 너무 길다면, 매일 전체를 다 보지 말고 몇 개씩만 돌아봐도 좋다.

성경은 우리 모두에게 성찬에 앞서 "자기를 살피"(고전 11:28)라고 명한다. 마찬가지로 고린도후서 13장 5절 말씀은 이렇게 가르친다. "너희는 믿음 안에 있는가 너희 자신을 시험하고 너희 자신을 확증하라." 영혼을 살피는 세팅된 질문을 활용하라. 그렇게 하면 이러한 명령에 순종하는 지속적인 과정을 단순화하고, 하나님과 짧은 이야기를 계속 나누는 일을 더 쉽게 할 수 있다.

42
일지 알림이를 활용하라 1부
—

"글길 막힘"writer's block이라는 말이 일지 쓰기에도 해당할 수 있다면, 내 문제가 바로 그것이었다. 언제나 쓸 무언가는 있다. 하지만 나는 주로 영적인 일지를 쓰기 때문에 영혼의 덕을 세우는 무언가를 쓰고 싶을 뿐이다. 그런데 어떤 날은 머리에 안개가 낀 것 같아 아무런 생각도 떠오르지 않는다.

내가 일반적인 소재로는 글을 쓰지 않는다는 말이 아니다. 실제로 그렇게 한다. 다만 가능하다면 영적 생활을 직접 다루는 문제를 많이 쓰도록 자신을 훈련하고 싶다. 게다가 빌립보서 4장 8절은 이렇게 말씀한다. "끝으로 형제들아 무엇에든지 참되며 무엇에든지 경건하며 무엇에든지 옳으며 무엇에든지 정결하며 무엇에든지 사랑 받을 만하며 무엇에든지 칭찬 받을 만하며 무슨 덕이 있든지 무슨 기림이 있든지 이것들을 생각하라." 따라서 나는 가능한 "이것들"을 더 많이 생각하고 기록하려고 한다.

그러다가 영적 생활에 관련된 서른한 개(한 달간 매일 하나씩 해당하도록)의 주제를 목록으로 만들어야겠다는 생각이 들었다. 예를 들어 18일에 무엇을 쓸지 모르겠다면 "일지 알림이"를 펴서 18번 항목을 보고 그에 따라 교제에 관해서 쓰는 식이다. 그러면 나는 교제를 나눌 필요, 또는 다음에 교회에서 만날 어떤 사람과 교제를 시작하기 위한 구체적인 방법, 현대의 테크놀로지가 교제에 미치는 영향, 최근 경험한 교제, 아니면 교제라는 단어가 촉발한 생각 등을 쓸 수 있다.

절대 불변은 아니지만, 여기에 그 목록을 작성해봤다.

1. 하나님 사랑
2. 이웃 사랑
3. 전도
4. 성경 섭취
5. 말씀 묵상
6. 말씀 적용
7. 기도
8. 예배(공예배 또는 개인 예배)
9. 섬김
10. 시간 관리
11. 돈 관리
12. 금식
13. 침묵과 고독
14. 일지 쓰기
15. 배움/지성
16. 인내
17. 주일
18. 교제
19. 말
20. 사고 생활thought life
21. 가족
22. 사역
23. 기쁨
24. 단순화
25. 몸
26. 믿음
27. 개혁
28. 부흥
29. 십자가
30. 죄
31. 마지막 일들(죽음, 심판, 천국, 지옥)

때로는 주제를 미리 정해 놓는 단순함이 일지 쓰기를 더 쉽게 만들어준다.

43
일지 알림이를 활용하라 2부

―

일지 알림이는 당신이 일지에 무엇을 쓸지 전혀 감이 잡히지 않을 때 생각을 일으키는 역할을 한다. 앞장에서 나는 서른한 개의 주제를 제안했고, 어떤 날이라도 그 날짜에 해당하는 알림이가 있다. 따라서 어느 달의 일곱째 날에 무엇을 쓸지 아이디어가 필요하면 알림이 7번에 따라 기도를 주제로 쓰면 된다. 열 번째 날이면 시간 관리를 주제로 생각해볼 수 있다. 그리고 당신이 23일에 아무 생각이 나지 않는다면 그날의 주제는 기쁨이다.

이 방법 말고도 구체적인 질문을 사용하는 방식이 있다. 이 질문은 일 년 모든 날에 적용되며 깊이 생각해서 글을 쓰도록 돕는 역할을 한다. 이상적으로 보자면 열 개의 질문 중 한두 개의 질문에만 답을 해도 하루치 일지에 충분할 정도다.

이 열 가지 질문을 시도해보라(당신이 하루를 시작하며 일지를 기록한다면 오늘을 어제로, 내일을 오늘로 바꾸어도 좋다).

① 오늘 일어난 일 중 가장 중요한 일은 무엇이었는가?

② 나는 오늘 무엇을 배웠는가?

③ 나는 오늘 일하며 어디에서 하나님을 뵈었는가?

④ 오늘 누군가 내게 한 이야기 중에 가장 중요한 말은 무엇이었는가?

⑤ 오늘 나는 언제 주님을 가장 의식하였는가?

⑥ 오늘 읽은 내용 중 무엇이 가장 도움이 되었는가?

⑦ 오늘 나는 무엇을 다르게 했어야 했는가?

⑧ 어떻게 하면 내일의 생활을 단순화할 수 있겠는가?

⑨ 내일 하나님을 가장 영화롭게 하기 위해 무엇을 할 수 있을까?

⑩ 내일 나는 누군가의 삶에 어떤 차이를 만들어 낼 수 있을까?

성경은 말한다. "각각 자기의 일을 살피라"(갈 6:4). 이렇게 하기 위한 단순하면서도 실용적인 방법은 이와 같은 질문을 일지 알림이로 활용하는 것이다.

44
만년필로 쓰는 일지

—

나는 만년필로 일지 쓰는 것이 즐겁다. 그렇다. 시대에 뒤떨어진 만년필 말이다. 신형 만년필도 좋고 구형도 좋다. 딱딱한 펜촉도 좋고 유연한 펜촉도 좋다. 어찌 되었든 좋은 만년필로 쓰는 일은 즐겁다. 말라 있는 펜을 잉크병에 담가 적시는 의식조차도, 오늘날처럼 첨단 기술을 따라 효율적으로 돌아가는 세상에서 향수를 달래주는 느낌이다. 나는 이렇게 일지 쓰는 방법을 당신에게 권한다.

펜으로 쓰면 일지 작성 훈련에 다양성이 생긴다. 딸깍거리며 자판을 쳐서 컴퓨터에 내용을 넣는 방식에서 변화를 주는 것이다. 손으로 쓸 때 전자기기로는 할 수 없는 방식으로 시간과 공간의 유연성이 생긴다. 방식과 장소를 다채롭게 하면 창조적인 내용이 떠오르기도 한다. 종종 신선한 생각은 신선한 접근법에서 나오기 때문이다.

또 의도적으로 느림을 추구하기 위해 만년필로 일지를 쓰는 측면도 있다. 컴퓨터 앞에서 빠르게 열 손가락을 놀리다 보면 영혼의 고요함을 유지하기 어렵다. 하지만 종이에 잉크가 자유롭게 흐르며 내 글에 형태가 생겨나는 것을 보고 있으면 몸의 속도에 맞춰 영혼의 속도를 늦추는 데 도움이 된다.

더 나아가 펜으로 쓴 획에는 그저 생각을 기록하기만 하면 된다는 효용성을 초월하는 아름다움이 있다. 멋진 펜으로 쓰는 일은 플라스틱 키보드로 쳐대는 것보다 훨씬 표현력이 풍부하다. 컴퓨터는 많은 일을 할 수 있지만, 만년필이 대대로 간직해 온 이 한 가지 특성을 대체하지 못한다. 게다가 펜 그 자체도 아름다울 수 있다. 하지만 보통 우리는 컴퓨터를 보고 아름답다고는 하지 않는다.

당신은 이렇게 말할지 모른다. "제 손 글씨는 끔찍해요." 그런데 만년필로 쓰면 즉시 글씨가 개선된다. 때로 그 변화는 극적이기까지 하다. 묵상하는 마음으로 좋은 펜을 사용해서 글을 쓰면 글자마다 시간을 더 들이게 되고 글씨를 쓰는 자신만의 방식이 더해져 글씨가 아름다워진다.

일지를 쓸 때 항상 펜을 사용해야 한다는 말은 아니다. 나도 여러 페이지를 써야 할 것 같으면 시간 제약 때문에 거의 컴퓨터를 선택하는 편이다. 그리고 다른 곳에서도 말했지만, 컴퓨터는 마음과 생각을 자유롭게 흘러가도록 만들기 때문에 일지를 빠르게 기록할 수 있다. 하지만 컴퓨터뿐 아니라 펜으로도 그렇게 할 수 있다.

당신이 만년필을 사용하든 컴퓨터를 사용하든, 당신의 생각을 담으려고 할 때는 오래 가는 중성 용지를 사용하라. 인쇄지나 복사지는 대부분 중성지다. 그래서 직접 쓸 때 사용해도 괜찮다. 나는 용지를 반으로 잘라 구멍을 내어 링 바인더에 맞춘다. 또 만년필은 종이에 따라 다르게 쓰인다는 사실을 인지하라. 매끈하게 묶음처리된 일지여도 종이 품질은 조악할 수 있다. 그러면 잉크가 번진다.

다른 훈련과 마찬가지로 일지 쓰기는 틀에 박힌 일이 될 수 있다. 따라서 쓰고 싶은 마음이 들게 하는 도구를 사용하라. 필요하다면 만년필을 사용하는 주변 사람에게 펜과 종이를 문의하라. 한 면을 가득 채우고 싶은 의지를 돋우는 다양한 색의 잉크를 찾아볼 수도 있다. 펜에 따라서 굳이 원하지 않는다면 병에 들어있는 잉크를 사용하지 않아도 된다. 카트리지(여행할 때 편함)와 병에 든 잉크를 같이 사용할 수 있도록 나오는 펜이 많다.

마지막으로 일지를 쓸 때 펜을 사용하는 행위 그 자체에 내재된 단순성이 있다. 전자기기, 인쇄기, 배터리가 필요하지 않기 때문이다. 그렇게 펜으로 기록하면, "이 일이 장래 세대를 위하여 기록되리니 창조함을 받을 백성이 여호와를 찬양하리로다"(시 102:18)라는 말씀을 펜으로 기록한 사람이나 "내 손으로 너희에게 이렇게 큰 글자로 쓴 것을 보라"(갈 6:11)는 말씀을 펜으로 기록한 사도 바울과 같은 정신적 리듬에 맞춰 우리를 늦출 수 있다.

손에 펜을 잡고, 마음에 하나님의 일들을 두니, 영혼에 좋은 영향을 미쳤다. 당신의 영혼을 위해서도 그렇게 해보라.

단순화와 생각

PART 5

45
영적 무감각을 피하라
—

텔레비전은 지구상에서 문화적으로 가장 강력한 영향을 미치는 도구다. 하지만 이 매체는 단순성 또는 성경이 말하는 영성을 조금도 증진하지 못한다. 오히려 텔레비전은 영혼의 민감성을 둔화시킨다.

예를 들어 당신이 시청하는 거의 모든 예능 프로그램은, 하나님이 선하다고 하신 것을 조롱하고 오히려 하나님이 죄라고 칭하신 것을 정상이라고 한다(사 5:20 참고). 텔레비전은 빈번하게 하나님을 부정하는데, 거의 에덴동산의 뱀처럼 대놓고 그렇게 한다(창 3:4 참고). 또 텔레비전은 시청자의 마음을 이 세상의 사고방식으로 물들게 한다. 텔레비전은 급속하게 전환되는 화면으로 이어지기 때문에 우리는 수동적으로 바라볼 뿐이다(책을 읽을 때 마음으로 그림을 그리는 것과는 대조적으로). 따라서 상상력이 발휘되지 않고 도리어 위축된다. 그래서 성경 말씀에 집중하고 묵상하는 일을 더 어렵게 만든다. 그리고 무엇보다도 텔레비전을 보는 데는 시간이 소요된다. 우리가 후에 영적 훈련을 하기에 부족했다고 말할 바로 그 시간을 말이다. 잘 알려지지 않은 극소수의(존재하기는 한다면) 기독교 방송을 제외하면, 텔레비전 어디에서 당신이 영적으로 닮고 싶은 선한 본보기를 찾을 수 있는가?

우리 영성에 미치는 영향이 아니더라도 텔레비전은 단순화를 추구하는 누구에게도 좋은 친구가 될 수 없다. 사실 텔레비전은 그 자체적으로 끝없이 이어지는 광고에 의존한다. 그리고 광고들은 의도적으로 우리의 경험, 소유, 관계, 외모에 만족하지 못하게 한다. 저자 웬델 베리Wendell Berry의 말에 따르면 텔레비전은 우리를 설득하여 "모든 가치 있는 경험은 어딘가 다른 곳에 있고, 가치 있는 모든 것은 반드시 구매해야만 한다"[1]고 믿게 만든다.

텔레비전에 관해서 당신을 향한 하나님의 온전하신 뜻이 무엇이라고 내가 뭐라고 말해줄 수는 없다. 하지만 이 문제에 관해서 당신의 영혼에 무엇이 좋은지 하나님께 구하면서 야고보서 4장 17절 말씀을 기억하라. "그러므로 사람이 선을 행할 줄 알고도 행하지 아니하면 죄니라." 텔레비전에 그리스도인의 영혼을 죽일 능력은 없을지 모른다. 하지만 그것은 시간 단위로 영혼을 무기력하게 만든다. 깨어나라!

46
그것을 꺼라!
——

내 어머니의 부모님은 1919년 3월 29일에 결혼하시면서 미시시피
주 투펠로^{Tupelo} 외곽으로 이주하셨다. 집에는 전기도, 전화도, 라디
오도 없었다. 모든 것이 고요했다.

할아버지가 아침에 들판으로 나가시면 종일 들리는 소리라고는
하나님의 창조물과 자신이 내는 소리뿐이었다. 쟁기로 땅을 갈 때
나는 소리, 노새에게 "이랴" 또는 "저랴" 외치는 소리, 노래하는 소
리 말이다. 또 집에서 할머니가 듣는 소리라고는 집 주위에서 일할
때 나는 소리, 열린 창으로 들려오는 하나님의 피조물이 내는 소리,
즉 새 소리나 바람 소리뿐이었다. 그분들은 종일 자신의 생각과 하
나님과 함께 홀로 있었다.

조부모는 정보를 얻거나, 대화를 하거나, 음악을 듣고 싶으면 특
별한 노력을 기울여야 했다. 말이나 소를 위가 뚫린 마차에 이어 매
고 울퉁불퉁한 길을 오랫동안 가야 했다. 이러한 일은 보통 읍내에

서 그분들의 주간 비즈니스(두 분은 이를 두고 "트레이딩"이라고 하셨다)를 하는 토요일에 일어났다. 그 외에 그분들이 듣는 음악이라고는 거의 대부분 교회에서 듣는 게 전부였다.

우리의 경험은 정반대다. 우리는 친구나 가족과 식사하기 위해 오히려 밖으로 나간다. 그렇지만 시끄러운 음악 소리와 구석구석 자리잡고 있는 텔레비전 때문에 대화는 산만해진다. 차를 탄 아이들은 헤드폰을 긴 채로 영상을 보거나 음악을 들으며, 부모는 라디오로 다른 무언가를 듣는다. 음악이나 텔레비전, 또는 발전한 기술을 통해 전달되는 사적인 메시지가 닿지 않는 곳은 도저히 찾을 수 없다. 휴대용 전자장치는 우리를 영원히 소리에 포위되도록 만들었다. 할아버지는 침묵을 깨고 뉴스나 음악을 듣기 위해 노력해야 했다면, 우리는 정보와 오락거리를 피하려고 노력해야만 한다. 그리고 때로는 우리의 영혼을 위해 그렇게 할 필요가 있다.

따라서 하루 이틀은 차에서 라디오 전원을 꺼라. 저녁을 먹었으면 밖에 나가 앉아서 이야기를 나누거나 책을 보라. 텔레비전 없이 모닥불 옆에서 저녁 시간을 보내라. 육체적으로 영적으로 침묵이 주는 재창조의 능력을 회복하라.

47
하루에 한 쪽 읽기
——

삶이 복잡해지면, 영적으로 건강한 생활에서 가장 먼저 줄어드는 부분이 있다. 바로 책 읽기다. 독서용 의자, 책상, 침대 옆 탁자, 그 외 곳곳에 책 무더기가 쌓여가지만 읽을 시간이 도저히 나지 않는다고 실토하는 그리스도인들을 매주 만난다. 그저 즐거움을 위해서 읽는 일은 오래 전에 사라져 버리고 없다. 그리스도인으로서 성장하기 위해 책을 읽는 일도 거의 없다. 보통은 그저 성경을 보는 몇 분이 독서를 위해 내는 유일한 시간이다. 배우기를 사랑하고 성장하기 원하는 사람은 책 읽는 시간이 사라지는 것을 마치 가까운 친구를 잃는 것처럼 슬퍼한다. 그들은 한숨 쉬며 말한다. "그렇지만 어쩔 수 있나요? 하루의 시간은 많지 않아요."

이 짓눌려 버린 성도들에게, 나는 보통 이렇게 말한다. "하루에 책 한 쪽을 읽을 시간은 낼 수 있으세요?" 그렇게도 못하겠다고 답하는 사람은 본 적이 없다. 아무리 바빠도, 아무리 자녀가 많아도 말이다. 하루에 한 쪽이란 화장실에 살그머니 책을 들고 가서 잠시 읽는 정도, 출퇴근을 마치고 이 분 정도 차에 더 앉아 있는 정도, 밤에 베개로 돌진하기 전에 일 분간 침대 곁에 서 있는 정도이다.

하루에 한 쪽씩 읽으면 일 년에 365쪽, 즉 책 두 권에 해당하는 분량을 읽을 수 있다. 별로 안 되는 것처럼 보인다. 하지만 전혀 읽지 않는 편보다는 훨씬 낫다. 더욱이 몇몇 보고에 따르면 이렇게만 해도 매년 읽는 책의 양으로 볼 때 미국 인구 절반보다 앞선다.

더 나아가 당신이 칠십 세 혹은 칠십오 세까지 일 년에 두 권씩 읽는다면 책을 몇 권 읽게 될지 생각해보라. 여기에다가 지금 당신이 매일 조금씩 읽는 습관을 기른 상태로 은퇴했을 때 읽을 책을 더해보라.

나는 여러 명의 초등학생 자녀를 둔 어머니들, 홈스쿨을 하는 엄마들, 중압감에 짓눌린 회사 중역들 모두 이 방식으로 한두 달 안에 책 한 권을 독파하는 모습을 목격했다. 할 일이 적어졌기 때문이 아니었다. 오히려 한 페이지라도 읽겠다는 결단을 내리는 단순한 훈련에 그 비결이 있다. 물론 한 쪽씩 읽다 보면 예외 없이 더 읽게 된다. 가장 중요한 문제는 그 첫 페이지에 손을 대느냐는 것이다. 그렇게만 한다면 나머지는 쉬울 뿐 아니라 즐거운 일이 된다.

좋은 책을 한 번에 한 쪽씩 읽는 단순한 즐거움으로 돌아가라.

48
위대한 질문을 수집하라
—

역사상 그 누구도 예수 그리스도처럼 사람들에게 생각하도록 만든 인물은 없다. 예수님은 생각을 촉발하는 질문을 던짐으로써 그렇게 하셨다. 예수님이 하신 유명한 질문 중 하나가 마태복음 16장 15절에 있다. 제자들은 군중이 예수님을 무어라고 하는지를 알렸다. 그러자 예수님은 열두 제자에게, 우리도 각기 반드시 대답해야 하는 질문을 하셨다. "너희는 나를 누구라 하느냐?"

나는 예수님의 스무 가지 질문에 대해 연속 설교를 하는 중에, 다른 사람들의 위대한 질문들을 모아봐야겠다는 생각을 하게 되었다. 이 작업은 나의 영적 생활에 큰 도움이 되었기 때문에 여러분에게도 권한다. 나는 최고의 질문들을 모아 수첩 양면에 빼곡히 적었다. 그리고 기준을 따라 분류했다. 장로, 젊은이, 교회 구성원 등을 위한 질문도 있고, 모든 상황에서 모든 사람에게 어울리는 보편적인 질문도 있다.

질문을 모으는 일은 우표나 책을 수집하는 일과 많은 부분 닮아 있다. 돈이 들지 않는다는 점만 빼고 말이다. 심오한 질문을 듣거나 읽었다면 목록에 더하라. 그리고 수첩, 지갑, 성경, 또는 쉽게 찾아볼 수 있을 만한 곳에 그 목록을 두라. 또 "질문"이라는 파일 폴더를 정해서 당신이 접한 질문 목록이나 관련 자료를 수집하는 용도로 써도 좋다. 나는 이 글을 쓰는 이 순간에도 세 번째 파일 폴더를 참고하고 있는데, 지금까지 이 두툼한 파일 폴더를 수도 없이 펴봤다. 그리고 도움이 됐던 질문책을 적어도 여섯 권 정도 찾아봤다.

누군가는 이렇게 물을지 모르겠다. "하지만 그저 위대한 질문을 수집하는 일이 어떻게 내 영적 생활을 단순화할 수 있습니까?" 좋은 질문이다! 우선 공들여 작성한 질문은 질문의 대상에 제대로 초점을 맞추게 하고 그 사안을 더 잘 이해하게 만든다. 내가 좋아하는 질문 수집가인 밥 빌Bobb Biehl은 이렇게 말한다. "질문하는 법을 배우는 것은 명확한 사고를 배우기 위한 전제조건이다."[2] 문제를 바르게 표현하고 명확하게 사고하는 일은 영적 생활을 단순화하는 핵심이다.

또 다른 사람과 대화를 나누다가 화제를 하나님으로 돌리려고 할 때 질문 목록이 있으면 나의 영성이 단순화된다.[3] 비행기에서는 옆에 앉은 비그리스도인과 대화를 나눌 기회가 종종 생긴다. 하지만 가끔은 너무 지친 나머지 어떻게 해야 하나님을 향하도록 대화를 이끌어갈 수 있을지 방법이 떠오르지 않을 때가 있다. 하지만 질문 목록을 훑어보고 나면 대화는 곧 하나님의 것들을 향해 나아가기 시작한다.

그리고 위대한 질문들을 가까이 두면 영성이 단순화된다. 소그룹 토론부터 가족이나 친구와 나누는 일상적인 대화에 이르기까지, 이 야기를 쉽게 시작할 재료가 되기 때문이다. 또 우연히 성경이나 영성 등 무엇에 관해서든 나를 가르칠 만한 사람과 이야기할 기회가 생기면, 사려 깊은 질문들을 모아놓은 나만의 비밀 창고가 있다는 사실이 얼마나 감사한지를 깨닫게 된다. 이십 세기 가장 영향력 있는 그리스도인이었던 런던의 마틴 로이드 존스는 좋은 질문이 영성에 지니는 가치를 다음과 같이 이야기했는데, 나는 그 말을 참 좋아한다. "때로 나는 그리스도인의 삶에서 기술이라고 할 것은 모두 결국에는 질문하는 기술이라고 생각한다."[4]

따라서 그저 위대한 질문을 수집하는 데만 머물지 말라. 그 질문을 직접 물으라. 신약학자 웨인 데츨러Wayne Detzler는 이렇게 썼다. "바른 질문을 하라. 그러면 당신은 지혜로워질 것이다."[5]

49
지혜로운 자와 동행하라

우리는 모두 동방으로부터 박사들이 예수님을 찾아온 이야기(마 2:1)와 예수님의 탄생에서 그들이 맡은 역할을 알고 있다. 그러면 당신이 알고 있는 가장 지혜로운 세 사람은 누구인가? 그리고 당신은 그들과 같은 지혜를 얻는 방법을 알고 있는가? 지혜로운 왕인 솔로몬은 잠언 13장 20절에서 이렇게 썼다. "지혜로운 자와 동행하면 지혜를 얻고." 물론 가장 지혜로운 사람들은 성경에 있다. 하나님이 주신 영감이 그들의 글에 충만하기 때문이다. 물론 그중에서도 가장 지혜로우신 분은 하나님의 완전하신 아들, 예수 그리스도이시다. 따라서 당신이 "위로부터 난 지혜"(약 3:17)를 원한다면 최대한 자주 성경으로 가서 그 안에 생생하게 살아 있는 지혜로운 사람들과 동행하라.

하지만 성경 시대 이후 지금까지 존재했던 지혜로운 하나님의 사람들과, 오늘날 살아 있는 그 모든 지혜로운 사람들과 어떻게 해야 동행할 수 있는가?

확실한 방법은 그들이 쓴 책과 그들이 살아온 이야기를 읽는 것이다. 그들이 심혈을 기울여 작성한 글을 읽으며 그들과 동행하고, 그 글이 당신에게 직접 그들이 품었던 가장 지혜로운 생각을 말하게 하라. 또 오랜 세월 날마다 몇 시간씩 이 지혜로운 사람들과 동행했던 전기 작가들이 발견한 통찰들을 주워 담는 것도 한 방법이다.

또 지혜로운 사람들의 이야기를 들음으로써 그들과 동행할 수 있다. 그들이 이야기하는 곳을 찾아가라. 라디오, 인터넷, 녹음 자료를 통해서 그들의 목소리를 들으라.

당신을 제자로 삼아줄 지혜로운 사람을 찾으라. 당신은 아마도 역할 모델이 될 만한 지혜로운 사람을 알고 있을 것이다. 하지만 당신은 이렇게 반박할지 모른다. "하지만 그분은 저와 전혀 시간을 보내려 하지 않아요." 하지만 물어보기 전에는 절대 모르는 일이다. 그의 지혜를 받는 대가로 당신의 기술과 도움을 제공할 수 있는 창조적인 방법을 찾아보라. 내가 아는 목사 중 정말 바쁘고 사람들이 많이 찾는 분이 있다. 그런데 한 젊은이와 매주 두세 시간을 그와 함께 보낸다. 그 젊은 친구가 개인 트레이너가 되어 주겠다고 제안했기 때문이다. 이 청년은 한 운동 기구에서 또 다른 운동 기구로 이동하며 "지혜로운 자와 동행"한다. 이렇게 그는 영을 훈련하고 그 목사는 육체를 훈련하는 것이다.

굉장히 지혜로운 사람과 함께 있을 기회가 생긴다면 질문 목록을 준비하라. 내 목회 사역에서 가장 유익했던 며칠이 있었다. 나는 경험이 많고 유명한 목회자 몇 분과 오랜 시간 승합차를 함께 타고 콘퍼런스 장소로 이동하게 된다는 사실을 알았다. 나는 당시에 사역을 하며 부딪혔던 가장 어려운 신학적 문제들과 실천적인 문제들을 목록으로 작성했다. 솔로몬은 함께 걷는 것 못지않게 함께 차를 타고 가는 것도 유익할 수 있다는 점에 동의하리라 확신한다.

당신은 당신이 함께 시간을 보내며 "동행"한 사람을 닮게 된다. 텔레비전 예능 프로그램이나 광고에 나오는 사람들을 포함하여, 어리석고 세속적인 사람들과 여유 시간을 보낸다면 당신도 어리석고 세속적인 사람이 될 것이다. 하지만 당신이 "지혜로운 자와 동행하면 [당신은] 지혜를 얻[을]" 것이다. 영성을 단순화하는 일에 성공한 사람을 알고 있는가? 그 사람과 동행하라. 그렇게 해서 당신의 영성을 단순화하라.

50
영적 영웅들을 본받으라

내가 글을 쓸 때면 영적 영웅들이 나를 둘러싼다. 그들은 장작 난로 양편에 있는 책장에 앉아 있다. 몇몇 분의 얼굴은 벽면과 비어 있는 책꽂이 여러 자리에서 나를 보며 웃고 있다. 또 컴퓨터 옆 책장에 있는 네 분의 흉상은 마치 러시모어 산처럼 나를 내려다본다.

어떤 이는 이런 일이 영적으로 해롭고, 그리스도가 아닌 사람에게 시선을 두는 일이라 생각한다. 하지만 성경은 우리에게 영적인 영웅을 두라고 말한다. 히브리서 13장 7절은 "하나님의 말씀을 너희에게 일러 주고 너희를 인도하던 자들을 생각하며 그들의 행실의 결말을 주의하여 보고 그들의 믿음을 본받으라"고 명령한다.

"너희를 인도하던 자"였던 히브리 사람 그리스도인들에 관해서 우리가 아는 것이라고는 이 본문이 전부다. 그런데 여기에서 그들의 행위를 묘사하는 단어들은 모두 과거 시제로 되어 있다. 따라서 이 인도자들은 아마도 죽은 사람일 것이다. 어쩌면 순교를 당했을 지도 모른다. 하지만 그들은 잊혀지지 않았고, 오히려 그들의 삶과 믿음은 본받을 대상이 되었다. 게다가 이 본문의 가르침은 우리 모두에게 적용된다. 따라서 이 유대인 그리스도인들처럼 우리도, 경건하고 진리를 전하는 영웅들을 찾아야 한다.

이 말씀은 먼저 우리에게 그들을 "생각"하라고 한다. 그런 면에서 사진, 조각상, 기념품이 도움이 될 수 있다. 하지만 그저 그분들의 특징이나 버릇을 생각하라는 말이 아니라, 그리스도를 향한 그분들의 사랑, 기도에 전념하던 모습, 복음과 하나님의 일에 기울인 열심을 기억하라는 말이다. 그렇게 하는 한 가지 방법은 이 영적인 영웅들의 전기를 읽거나 듣는 것이다.

두 번째로 우리는 "그들의 행실의 결말을 주의하여 보[아야]"한다. 청교도 신학자 존 오웬은 "주의하여 보다"로 옮긴 이 헬라어 단어는 "한 대상을 그 이유와 상황까지, 반복적으로 되풀이해서 깊이 생각하는 것"[6]이라고 말한다. 그렇게 하는 가장 실질적인 방법은 영적인 영웅들이 남긴 삶의 이야기를 읽는 것이다. 우리는 이 사람들이 죄악된 남자와 여자에 불과하지만 그래도 하나님이 그들을 통해 일하셨다는 사실을 인식해야만 한다.

셋째 "그들의 믿음을 본받으라"고 한다. 오웬의 말을 다시 인용하자면, "무작정 그들을 기억하는 것은 소용이 별로 없거나 전혀 없다. 하지만 그들이 행하고 가르친 바를 기억하여 그들을 따르는 것…이는 우리의 의무로서 큰 유익이 있다."[7] 영적 영웅들을 본받을 때 누리는 가장 큰 유익은 하나님이 때로 "그들의 행실"을 통해 우리를 인도하신다는 사실이다. 예를 들어 그들은 우리에게 더 단순하고 효율적인 영적 생활이 무엇인지 그 본을 보여줄 수 있다.

물론 영웅으로 삼은 인물이 누구일지라도 그가 모든 일에 다 옳다고 생각할 정도로 어리석어서는 안 된다. 최고의 사람이라도 기껏해야 사람일 뿐이다. 오직 한 영웅만 완벽하고 변함이 없으신데, 바로 다음 절에 그분이 언급된다. "예수 그리스도는 어제나 오늘이나 영원토록 동일하시니라"(히 13:8). 바른 영웅은 우리가 예수님을 향하도록 만든다.

바른 영웅은 영적, 신학적 오류에서 우리를 보호한다. 다음 구절은 경고한다. "여러 가지 다른 교훈에 끌리지 말라"(9절). 모든 인간 영웅들을 무비판적으로 분별력 없이 따르면 결국 오류에 빠지고 만다. 하지만 영적으로 오염될지 모른다는 두려움으로 아무런 영웅도 두지 않는 것은 과잉반응이다. 바른 영웅이라면 거의 모든 때에 옳다. 바른 영웅은 우리에게 하나님의 말씀을 전하고, 우리가 알지 못하던 통찰을 나누고, 생각해보지 못한 유비와 예를 사용하고, 진리를 분명하게 표현한다. 따라서 영웅은 우리를 오류에 빠지게 하기보다는 우리를 오류에서 지키는 일이 더 많다.

어떤 사람은 한 명의 영적 영웅을 정하고 그의 전기와 책을 읽으며 동행하고, 몇 달 혹은 몇 년간 그를 영적인 멘토로 삼는 일이 좋다고 한다. 또 어떤 이는 한 사람을 깊이 알기보다는 폭넓게 영웅을 두는 편을 선호한다. 당신이 어떤 방식을 택하든, 영적인 영웅은 우리가 기억하고, 생각하고, 본받을 만한 가치가 있는 존재다. 주님은 그들을 통해서 말씀하시며 당신의 영적 생활을 단순화하고 풍요롭게 하신다.

51
진리를 반복하라
———

성경을 잘 알고 또 계속해서 성경을 배우는 그리스도인이라면 보통 새로운 진리를 접하는 일보다는 이미 알고 있는 진리를 기억하는 일이 더 필요하다. 우리는 쉽게 잊어버리는 사람들이라서 종종 성경의 기본 진리조차 잊어버리고 만다. 그러므로 어려움에 직면할 때 우리가 할 수 있는 가장 유용한 일은 그저 진리를 기억하고 반복하는 것이다.

예수님은 빈번히 열두 제자에게 구체적인 상황 속에서 진리를 상기해야 할 필요성을 강조하셨다. 예를 들어, 제자들은 갈릴리 바다를 건너는 중에 떡을 두고 왔다는 사실을 깨닫는다. 그들이 걱정을 표하자 예수님은 예전에 먹을거리를 공급하셨던 기적을 기억하라고 말씀하셨다. "너희가 아직도 깨닫지 못하느냐 떡 다섯 개로 오천 명을 먹이고 주운 것이 몇 바구니며 떡 일곱 개로 사천 명을 먹이고 주운 것이 몇 광주리였는지를 기억하지 못하느냐"(마 16:9-10). 다른 말로 하자면, 예수님은 그들이 이러한 궁핍한 순간에, 유사한 상황에서 주님이 필요한 것을 공급하셨던 진리를 기억하길 원하셨다. 그들은 기억했어야만 했다. "예수님만 여기 계시면, 그분의 놀라운 능력만 있으면 굶주릴 걱정은 하지 않아도 된다."

사도 바울도 믿는 자들에게 진리를 기억하고 진리에 머무르라고 가르쳤다. 예를 들어 사도행전 20장 35절에서 바울은 촉구한다. "주 예수께서 친히 말씀하신 바 주는 것이 받는 것보다 복이 있다 하심을 기억하여야 할지니라."

그렇기에 당신이 너무나 낙심한 나머지, 이제는 당신의 마음과 자녀와 교회를 변화시켜주시길 계속 기도하기 힘든 지경이 되었다면 스스로에게 진리를 되뇌는 법을 습득하라. 그런 상황에서 되새길 진리란 무엇인가? 예수님께서 누가복음 18장 1절에서 "항상 기도하고 낙심하지 말아야 할 것"이라는 중요한 진리를 가르쳐주셨다.

당신이 저질러 버린 어떤 일 때문에 주님이 여전히 당신을 사랑하시는지 의심이 든다면, 다음과 같은 진리를 기억하고 되새기는 것이 좋다. "어떤 피조물이라도 우리를 우리 주 그리스도 예수 안에 있는 하나님의 사랑에서 끊을 수 없으리라"(롬 8:39).

주님이 당신을 잊어버리셨거나 버리셨다고 느낄 때면, 다음과 같은 진리로 생각을 채우라. "그가 친히 말씀하시기를 내가 결코 너희를 버리지 아니하고 너희를 떠나지 아니하리라 하셨느니라"(히 13:5).

이 일에서는 절대로 선한 것이라고는 나올 수가 없어라는 생각이 들도록 유혹하는 무언가를 경험했다면, 다음 진리를 기억하고 의지하라. "우리가 알거니와 하나님을 사랑하는 자 곧 그의 뜻대로 부르심을 입은 자들에게는 모든 것이 합력하여 선을 이루느니라"(롬 8:28).

괴로운 시기에 진리를 반복하고 믿는 일은, 신앙의 본질이 가장 필요할 때 그 본질에 집중하게 함으로써 우리의 영성을 단순화한다. 진리를 되뇌는 일은 하나님의 해결책을 우리의 실제적인 삶의 문제에 적용함으로써 하나님의 말씀이 우리 삶에 더 깊은 영향력을 미치게 한다.

지금 이 순간 당신은 어떤 성경 진리가 특별히 필요한가?

52

모든 일을 성경 진리를 드러내는 예로 바라보라

—

사람들은 대부분 자신을 창조적이라고 생각하지 않는다. 하지만 우리는 모두 유일한 창조주이신 하나님의 형상으로 만들어졌기 때문에 창조적으로 생각할 수 있다. 어떤 사람은 음악이나 예술에 더욱 창조성을 발휘하고, 또 어떤 사람은 언어, 수학, 또는 기계 분야에서 창의적으로 생각한다. 하지만 모든 사람에게는 창조성을 드러낼 각자의 분야가 있다.

창조적 사고의 일반적인 형태 중 하나가 바로 유비이다. 한 대상이 다른 대상과 어떻게 닮았는지를 관찰함으로써 통찰력을 얻는 것이다. 예수님은 종종 비유를 하실 때 유비로 가르치셨다. "천국은 좋은 씨를 제 밭에 뿌린 사람과 같으니…겨자씨 한 알 같으니…누룩과 같으니라…마치 밭에 감추인 보화와 같으니…마치 좋은 진주를 구하는 장사와 같으니…그물과 같으니"(마 13:24, 31, 33, 44, 45, 47). 우리는 잘 모르는 것을(이 경우에는 천국) 잘 아는 것에 견주어볼 때 더 잘 배울 수 있다.

유명한 19세기 설교자 찰스 스펄전의 설교를 읽다 보면 그는 모든 것에서 성경 진리를 드러내는 예를 찾아내는 인물처럼 보인다. 그는 자신이 세운 목회자 학교pastor's college에서 설교에 사용하는 예화에 관해서만 이백 페이지에 달하는 강의를 했다. 그리고 수업 중 4분의 3을 '어디에서 어떻게 예화를 찾아야하는가'라는 주제로 가르쳤다. 또 결론에서 그는 이렇게 말한다.

> 모든 곳에서 예화를 찾으라. 머리에 뇌만 있다면 당신 주위에 일어나는 어떤 일이라도 당신에게 도움이 된다. 하지만⋯눈을 뜨고 있어야 할 필요는 있다⋯그렇게만 하면 당신은 길거리를 걷기만 해도 무언가가 또는 어떤 사람이 성경 본문을 시사한다는 사실을 깨달을 것이다⋯당신 주위에 있는 사물로 비교를 하도록 노력하라. 때로는 그저 문을 닫고⋯ 스스로에게 이렇게 말하며 다짐하는 것도 괜찮으리라 생각한다. "여섯 개의 예시를 만들어 내기 전에는 이 방을 나서지 않으리라."[8]

스펄전의 지혜는 단지 설교자뿐 아니라 모든 그리스도인에게 적용된다. 머리 위로 지나가는 비행기를 보거나, 새소리를 듣거나, 오렌지 맛을 보거나, 베개의 시원한 촉감을 느끼거나, 장미꽃 향기를 맡거나 한다면 스스로 물으라. "이는 성경의 어떤 진리를 예증하는 가?" 당신이 무엇을 보거나 경험하든, 그것이 얼마나 사소한 일이든 또는 진부한 일이든, 묻는 법을 배우라. "이것은 성경에 있는 어떤 내용과 어떻게 닮아 있는가?"

이렇게 할 때 나오는 창조성은 대부분 사고 능력에서 나오는 것이 아니다. 오히려 단순하게 목적을 품고 바라볼 때 나온다. 당신이 목적을 품고 성경의 진리를 드러내는 예들을 찾으려 할수록 성경 말씀에서 더욱 많은 통찰력을 얻을 것이다. 그러면서 당신이 점점 "위의 것을 생각하고 땅의 것을 생각하지"(골 3:2) 않는다는 사실을 깨닫게 될 것이다.

53

천국을 더 많이 생각하라

―――

예수님과 그 외 성경 인물을 제외하고, 이제껏 존재했던 사람 중 가장 천국의 마음 자세를 지닌 사람은 아마도 리차드 백스터일 것이다. 그는 비범한 청교도 목회자이자 저자로서 칠십육 세까지 살았다(1615-1691). 하지만 평생 거의 끊임없이 이런저런 육체 질환으로 많은 고난을 당했다. 1646년 겨울에는 건강이 악화되어 살던 집과 가족으로부터 멀리 떨어진 한 주택에서 몇 달간 외로이 지내기도 했다. 또 너무나 위중하여 의사로부터 "사망 진단"[9]까지 받았다.

백스터는 그의 생명이 쇠약해짐에 따라 천국을 더 많이 생각하기 시작했다. 그는 이렇게 말했다. "나는 내 자신이 영원한 안식에 이르는 경계에 다다랐다고 생각했다. 그러면서 영원한 안식을 한층 진중하게 고찰하기 시작했다." 이렇게 되자 "묵상 중에 생각이 그렇게 많이 흐트러지지 않았다"[10]고 기록한다. 그는 묵상한 내용을 기록했는데, 이를 되새기며 위로를 받았다. 이 글귀는 어쩌면 그가 남긴 140권 중 가장 중요한 책인 『성도의 영원한 안식』The Saints' Everlasting Rest의 첫 구절이다. 이 책은 사 년 후에 출판된다. 그는 천국을 오래 묵상한 일이 자신에게 유용했다는 사실을 깨달았기에, 회복 후에도 오십 년 내내 묵상을 지속했다. 백스터는 날마다 삼십 분씩 보통은 저녁 식사 전에 걸으면서 자신의 마음을 다잡고 앞으로 임할 세상에 집중하고자 했다. 그렇게 천국을 깊이 의식하며 산 결과 그는 자신의 시대뿐 아니라 모든 시대에 걸쳐 세상에 큰 유익을 끼친 인물이 되었다. 그가 남긴 많은 책은 그가 행한 목회 방법을 보여주는 본이 되었고(『참 목자상』에 기록된 것처럼), 그 영향력은 사후 수 세기 내내 지속되고 있다.

당신의 생각을 천국에 고정시키는 일은 강력한 습관이 될 수 있다. 이 땅에 존재하는 그 무엇도 그곳의 아름다움과 탁월함과 기쁨에 비할 수 없기 때문이다. 천국을 바르게 생각한다는 것은 그저 거기에서 있게 될 안식과 만남을 기대하는 것 훨씬 이상의 일이다. 안식을 누리고, 사랑하는 이를 다시 만난다는 개념은 특별히 기독교적인 사고도 아니다. 심지어 무신론자들도 그렇게 되기를 바란다. 이 놀라운 축복에 더하여 기독교인은 예수님의 사랑스러운 얼굴을 바라보게 될 일을 고대하는 것이다. 그리고 "해가 힘있게 비치는 것"(계 1:16)과 같이 그분의 얼굴에서 발하는, 결코 쇠하지 않는 영광의 빛을 받게 되기를 열망한다. 우리는 죄 없이 마음과 육체가 영광스러운 자유를 누리게 될 것을 간절히 소망하며 신음한다. "양자 될 것 곧 우리 몸의 속량을 기다리느니라"(롬 8:23).

따라서 "위의 것을 생각하고 땅의 것을 생각하지 말[아야]"(골 3:2) 한다. 성경 말씀으로 인도된 상상력을 발휘하여 그 완벽한 세상에서 사는 삶이 어떠할지 상상하라. 그렇게 하면 영적 생활이 단순화된다. 영원의 관점에서 당신의 영성(그리고 그 외 모든 것)을 바라보기 때문이다. 이는 당신의 우선순위도 명확하게 한다. 이는 앞으로 임할 영광은 당신이 여기에서 겪는 어떤 고난도 감내할 가치가 있음을 상기시킨다. "우리가 잠시 받는 환난의 경한 것이 지극히 크고 영원한 영광의 중한 것을 우리에게 이루게"(고후 4:17) 한다는 사실을 알기 때문이다.

천국을 더 많이 생각하는 것. 리차드 백스터의 말에 따르자면, "천국 묵상"을 하면 할수록 백스터가 변화된 것 같이 당신도 변화된다. 날마다 삼십 분을 묵상했던 백스터의 방식은 우리 대부분에게 현실적이지 않을지도 모른다. 하지만 모든 것보다 가장 위대하고 가장 장엄하고 가장 매혹적인 대상을 생각하는 일은 아무리 많은 시간을 들여도 그 이상의 가치가 있다.

단순화와 마음

PART **6**

54
당신의 고난을 영성으로 성화하라
—

마틴 로이드 존스는 20세기 나의 설교 영웅이다. 그는 그리스도인의 삶을 탁월하게 비유한 존 번연의 『천로역정』에 관해 다음과 같이 통찰력 있는 논평을 하였다. "번연의 『천로역정』에 담긴 위대한 진리는 크리스천^{Christian}(주인공 이름)이 영원한 도성으로 향하는 여정에서 큰 고난을 견뎌냈다는 점이 아니다. 오히려 크리스천이 천국에 가기 위해서는 그러한 고난을 감내할 가치가 있다고 생각한다는 점이다."[1]

번연이 쓴 이 고전을 아는 사람은 크리스천이 당하는 고난의 대부분, 그리고 분명히 그가 당한 가장 어려운 고난들이 모든 이에게 보통 있는 것은 아니라는 사실을 알게 된다. 그의 가장 극심한 고난은 그가 그리스도를 따른다는 바로 그 이유로 내적으로 그리고 외적으로 겪는 고난이다. 하지만 그는 모든 고난, 심지어 생명을 위협하는 고난조차도 자신이 여정 끝에 만나게 될 영광에 비추어볼 때

"감내할 가치"가 있다고 여긴다.

당신이 이 글을 읽는 순간에도 전 세계에서 주님의 순례자들이 사형, 고문, 노역, 기아, 노숙생활, 가난, 투옥 등 예수 그리스도에 대한 믿음을 파괴하려고 고안된 여러 박해로 위협당하고 있다. 하지만 예수님에게 쏟아진 종류의 수많은 악이 자신에게 퍼부어져도 그들은 잠시 겪는 그 모든 고난을 감내할 가치가 있다는 사실을 안다. 그들이 그리스도 안에서 소유한 바, 그리고 소망하는 바가 있기 때문이다. 그들은 말이 아닌 행동으로 자신들이 "우리가 잠시 받는 환난의 경한 것이 지극히 크고 영원한 영광의 중한 것을 우리에게 이루게"(고후 4:17) 함을 믿음을 입증한다.

그리스도를 위해 살기 원하는 모든 이가, 우리를 위해 죽으신 그분께 헌신했다는 이유로 죽음이라는 궁극적인 대가를 치르지는 않는다. 다만 그 이유로 고난을 당한다. 왜냐하면 "무릇 그리스도 예수 안에서 경건하게 살고자 하는 자는 박해를 받으리라"(딤후 3:12)고 하셨기 때문이다. 하지만 우리는 그리스도인이기 때문에 고난을 받을 때, 또는 믿지 않는 자들과 똑같이 고난 당할 때 고난을 영성의 일부로 성화해야만 한다.

예를 들어 우리가 믿음 때문에 박해를 당하면서도 이를 인내한다면 그리스도께서 그만큼 가치 있으신 분임을 증명한다. 세상은 전혀 이해할 수 없는 방식으로 불굴의 신실함을 지킨다면 자신을 보는 세상에 이렇게 말하는 것이다. "그리스도를 알고, 그분과 영원히 함께할 영광을 바라보는 일은 이 모든 고통과 고뇌를 인고할 가치가 있는 것이다." 그리고 우리가 그리스도인과 비그리스도인 모두를 괴롭히는 고난 아래 슬퍼하고 신음한다면, 우리는 그 고난으로 인해 그리스도께 더 가까이 다가감으로 고난을 성화하는 것이다.

이러한 생각은 영적 생활을 단순화하는 데 도움이 된다. 이는 영성의 본질에 대한 우리의 이해를 단순화하기 때문이다. 이러한 접근법은 영성을 엄격하게 종교적인 삶의 영역으로(종교적 관습 내지 교회) 고립시키지 않는다. 오히려 어떤 면에서는 모든 것, 심지어 고난조차도 영성과 관계있다고 인식하도록 만든다. 고난을 당하는 사람은 삶에서 가장 최악의 순간, 제일 고통스러운 순간도 우리의 영혼에 의미가 있으며, 하나님이 우리와 함께 걸으신다는 사실을 절감한다.

모든 고난 가운데에서도 하나님이 우리에게 믿음으로 살아갈 수 있도록 은혜를 베푸시기를 기원한다. 그리고 사도 바울이 로마서 8장 18절에서 선포한 말씀을 기억하기를 기원한다. "생각하건대 현재의 고난은 장차 우리에게 나타날 영광과 비교할 수 없도다."

"영원한 도성"에서 누릴 영광의 소망으로 인해 "잠시" 당하는 고난을 받을 가치가 있다고 여기는 자들은 행복한 자들이다.

55
당신의 죄를 죽이라

—

1983년 4월 미주리주 윈체스터에 살던 로버트 바이얼링은 길이 4.9미터, 무게 45킬로그램인 버마왕뱀에 압사당한 채로 침대에서 발견되었다. 바이얼링의 아내는 남편이 뱀을 전적으로 신뢰했고 종종 침대에서도 함께 놀았다고 말했다. 그런데 우리 모두는 보이지 않는 많은 뱀, 그것도 버마왕뱀보다 훨씬 치명적인 뱀들과 함께 살고 있다. 이 뱀은 끊임없이 우리와 함께하는데, 성경에서는 이를 "죄"라고 한다. 그리고 죄를 죽이는 과정을 죄죽임 mortification 이라고 한다.

요즘은 죄죽임 교리를 듣기가 어렵다. 그 이유를 찾아보자면 죄를 죽이다 moritify 라는 용어는 킹 제임스 성경에서 쓰이는 용어로서 현대 번역본에서는 "죽게 하다" put to death 로 번역되어 있는 것이 어느 정도 그 이유라고 볼 수 있다. 하지만 죄죽임이란 개념은 극도로 중요하다. 물론 성경은 우리 삶에 죄라는 뱀을 죽임으로써 천국에

간다고 말하지 않는다. 오직 예수 그리스도의 죽으심과 부활 때문에 천국에 간다. 하지만 우리가 삶에서 죄에 격렬하게 저항하지 않는다면 그리스도의 구원 사역을 절대 경험할 수 없다.

로마서 8장 12-13절에서 하나님의 말씀은 이 사실을 가르친다. "그러므로 형제들아 우리가 빚진 자로되 육신에게 져서 육신대로 살 것이 아니니라 너희가 육신대로 살면 반드시 죽을 것이로되 영으로써 몸의 행실을 죽이면 살리니." 우리가 현실에 안주하며 하나님이 죄악되다고 칭하시는 행위와 욕망을 따라 살아간다면, 확실한 영적 죽음과 그에 따른 영원한 결과를 당하게 된다는 말이다. 하지만 우리가 성령님을 따라 끊임없이 죄악된 행실과 욕망을 죽이려고 분투하면, 이것은 우리가 예수 그리스도를 통해서 참으로 영생을 소유했고 또 영원히 예수 그리스도를 통해 영생을 누리게 될 것을 입증하는 것이다.

죄죽임은 극도로 중요하다. 하지만 영성을 단순화하자는 이 책에서 왜 이 주제를 다루는가? 죄죽임은 우리 삶에서 가장 복잡한 요소인 죄를 어떻게 다루어야 하는지, 그리고 왜 그렇게 해야 하는지를 분명히 말해줌으로써 영적 생활을 단순화하기 때문이다. 성경은 우리가 은혜라는 명목으로 죄를 용납하거나 지은 죄에 구실을 대지 말고 죄를 반드시 죽여야 한다고 말한다. 그렇지 않으면 죄가 우리를 죽인다.

죄와 싸우는 계속되는 전쟁 가운데 우리는 죄죽임을 이해하고 실행하는 데 도움이 될 성경 진리들을 기억해야 한다. 여기에는 믿는 자의 모든 죄가 예수님의 십자가를 통해 영원히 용서됨, 자기 백성을 끝까지 보존하시는 하나님의 은혜, 이 땅의 삶에서는 모든 죄 또는 죄에 대한 열망이 결코 완전히 사라지지 않는다는 진리 등이 포함된다. 로마서 8장 12-13절의 가르침이 이 모든 내용을 아우른다. 즉 우리가 믿음을 고백하는지와 상관없이, 그리스도께서 우리를 참으로 구원하셨다는 한 가지 증거는 우리가 저지르는 모든 죄를 죽이기 위해 평생 싸우는 것이다.

2001년 1월 로이터 뉴스는, 왕뱀에게 공격을 받은 남아프리카인 루카스 시반다의 이야기를 보도했다. 자신을 휘감으며 죄어오는 뱀에 옴짝달싹 못하던 그는 뱀의 머리 아래 부분을 물어뜯고 뱀이 자신을 놓을 때까지 발로 차고 주먹으로 때렸다. 그런 후에는 방망이로 뱀을 죽여버렸다.

죄라는 뱀은 평생 우리를 공격할 것이다. 성령으로 루카스 시반다처럼 맞서 싸우지 않는다면 우리 안에 영적인 생명이 없다는 사실을 입증하는 셈이다.

당신의 죄에 대해 사생결단으로 심각하게 대응하라.

56
당신의 영성을 노래하라
——

나의 외할아버지 이름은 레오나르드 로퍼인데, 손주들은 그분을 포
포라고 불렀다. 외할아버지는 1919년에 외할머니와 결혼하신 후,
미시시피 동북부 지역의 구릉지에서 농사를 시작하셨다. 외할아버
지는 매일 아침 햇빛을 받으며 노새에 마구를 채우고 들판으로 향
하셨다. 정오에는 나무에 기대어 쉬시다가, 지참한 바구니에서 도시
락을 꺼내 점심을 드시고 또 다른 바구니에서 물을 꺼내 마셨다. 이
것이 광란의 20년대, 대공황, 제2차 세계대전 그리고 그 이후에도
월요일부터 토요일까지 계속 이어진 그분의 삶이었다.

　내 어머니가 가장 어릴 적에 기억하는 외할아버지는 장면이 아니
라 소리다. 어머니는 울타리를 따라 노새를 몰고 집에 돌아오시는
할아버지의 모습이 보이기도 전에 이미 할아버지의 노래 소리를 들
으셨다. 땅거미가 질 때 포포는 작업복에 농부 모자를 쓴 채로 노래
하며 집으로 향하셨다.

그분의 삶은 단순했고, 그분의 신앙도 단순했다. 그리고 우리의 삶이 그분의 삶과 달리 매우 복잡하다 할지라도 그분의 영성에 깃든 이러한 소리의 측면은 우리의 영성을 단순화하는 데 도움이 된다.

나는 당신도 거의 매일 노래하며 지내리라 확신한다. 옷을 입으며, 운전하며, 일하며, 청소하며, 날마다 때때로 노래를 할 것이다. 배경음악이 깔리든 그렇지 않든 말이다. 하지만 당신은 무슨 노래를 하고 있는가? 나는 당신에게 더 계획적으로 "너희의 마음으로 주께 노래하며 찬송"(엡 5:19)함으로써 영성의 영역을 노래까지 확장하라고 권하고 싶다. 주일뿐 아니라 한 주 내내 더욱 의식적으로 "주께 노래"하는 일을 하자는 말이다.

당신이 별 뜻 없이, 별 가치가 없는 노래를 하고 있다는 사실을 깨달았다면 이제는 당신의 영성을 노래하라는 말이다. 옛 노래, CM송, 세상 노래로부터 "시와 찬송과 신령한 노래"(골 3:16)로 영혼의 기어를 바꾸라. 마음에 간직하고 싶은 노래를 찾으라. 그리고 차에서, 집에서 틀으라. 더 체계적으로 접근하려면 개인 또는 가정 예배를 드릴 때 찬송가를 사용하라. 그리고 그 시간에 서너 주는 매일 주님께 같은 노래로 찬양하라. 그러면 당신은 아마 다른 순간에도 그 노래를 흥얼거리고 있음을 깨닫게 될 것이다.

노래하지 않는 그리스도인은 그리스도인이라는 말 자체와 모순된다. 성경은 하나님의 사람을 이렇게 묘사하기 때문이다. "새 노래 곧 우리 하나님께 올릴 찬송을 내 입에 두셨으니"(시 40:3). 하나님이 당신의 입에 새로운 노래를 주셨다면, 매일 그 노래로 찬양하라.

57
당신의 야망을 명확히 하라

—

"그는 야망이 아주 대단해."

이 말은 칭찬인가 비난인가?

당신은 야망이 있는 사람으로 알려지고 싶은가?

아니면 야망없는 사람으로 알려지는 편이 나은가?

우리는 그리스도께서 사람 위에 군림하며 영향력을 미치기 위해 정치 공작을 서슴지 않고, 맹목적으로 부, 지위, 명예를 추구한 분이 아니라는 사실을 안다. 하지만 나태하고, 일을 탁월하게 해내려는 열정이 없고, 의욕이 전혀 없는 모습 역시 그리스도인답지 않다.

흠, 야망이라, 야망이 있어야 하는가 없어야 하는가?

이 질문에 대한 당신의 대답은 당신 영성의 형태에 영향을 미칠 것이다. 따라서 당신의 영성을 단순화하는 한 가지 방법은 당신의 열망을 명확히 하는 것이다. 이 일을 시작하는 성경의 출발점은 신약에 설명된 두 가지 매우 다른 야망이 무엇인지 인식하는 것이다.

첫 번째는 종종 "이기적인 야망" 또는 "자기 위주"의 야망이다. 이러한 야망은 어떠한 대가를 치르더라도 자신의 이익을 추구한다. 이것은 경건하지 않은 자들의 특징이다(갈 5:20 참고). 그리고 그들은 하나님의 진노 아래 있다(롬 2:8 참고). 자기 위주 야망은 그 짝이 있다. "독한 시기"이다. 이 둘은 합세하여 한 사람을 "자랑…거짓말"(약 3:16)로 이끈다. "혼란과 모든 악한 일"이 넘친다는 말보다 이러한 복잡한 삶을 더 간결하게 설명할 수 있을까?

하지만 신약은 다른 종류의 열망도 설명한다. 거룩한 의미로 볼 때, 우리가 하나님 보시기에 옳고 선한 무언가를 간절히 사모하면 야망이 있다고 한다. 그러한 야망은 목적과 방법과 동기가 하나님 중심적이기만 하다면, 그 대상이 작든 크든 전혀 문제되지 않는다.

사도 바울이 아무도 예수님에 대해 듣지 못한 곳에서 복음을 전하겠다고 작정했을 때 이러한 선한 야망이 물씬 풍긴다. "또 내가 그리스도의 이름을 부르는 곳에는 복음을 전하지 않기를 힘썼노니"(롬 15:20, NIV 성경에는 'It has been my ambition'으로 되어 있음. "이는 나의 야망이었으니"). 바울과 마찬가지로, 우리가 주님의 지상 명령(마 28:19-20 참고)에 순종하고자 품은 거룩한 야망은 반드시 예수 그리스도의 좋은 소식을 전파하는 일과 어느 정도 관련성이 있어야 한다.

주님은 데살로니가전서 4장 11절의 명령에서 바른 종류의 야망이 지니는 또 다른 측면을 드러내셨다. "조용히 자기 일을 하고"('make it your ambition to lead a quiet life', 조용한 삶 살기를 야망으로 삼고(NASB)). 그렇다고 선교사 윌리엄 캐리가 남긴 유명한 명언, "하나님을 위해 위대한 일을 시도하라"는 말을 따라서는 안 된다는 뜻은 아니다. 이 말씀은 오히려 우리 야망의 대상이 무엇인지 말할 뿐이다. 우리 자신인가? 아니면 하나님인가? 이기적인 야망을 추구하다 보면 절대로 조용한 삶을 영위할 수 없다. 오직 우리의 야망에 이기적인 야망이 전혀 없을 때에만 조용한 삶을 희망할 수 있다.

어쩌면 하나님은 우리에게 그렇게 조용한 삶을 주지 않으시기로 정하셨을 수도 있다. 하지만 모든 것이 주님에 맞춰 조정된 바쁜 삶과 "혼란과 모든 악한 일"로 가득한 삶에는 엄청난 차이가 있다.

우리가 추구하는 일의 크기나 범위 또는 속도와 상관없이 우리는 언제나 "주를 기쁘시게 하[려는]"(고후 5:9) 열망을 품어야 한다. 이 열망이 이기적인 열망에 뒤쳐지면 영적인 생명력이 쇠퇴한다. 더 사랑하는 대상이 요구하면 영적 훈련에 들이는 시간을 빼앗긴다. 그리고 결국 더욱 복잡하고 좌절감을 주는 삶이 되어간다.

당신은 무엇을 위해서, 아니면 누구를 위해서 살아가는가? 당신의 야망을 명확히 하라. 그러면 당신은 영적 생활을 상당히 단순화할 수 있을 것이다.

58
전자 장비 영성을 최소화하라 1부

나는 이 장의 제목으로 "최소화하라" 대신 "없애라"는 단어를 사용할 뻔했다. 하지만 전자 장비 영성, 즉 영혼을 위해 컴퓨터와 인터넷 같은 자료를 사용하는 편이 현실적일 때도 있다. 당장 영적인 정보가 필요할 때 컴퓨터는 보통 다른 어떤 대안보다도 많은 정보를 빠르게 제공하기 때문이다. 예를 들어 성경이 필요한데 당장 옆에 없다면 전자 장비를 통해 컴퓨터 화면으로 본문을 읽을 수 있다는 점은 큰 축복이다. 하지만 이러한 극단적인 상황 외에는 전자 장비 영성이라는 플러그를 과감히 뽑으라.

일반적으로 그리스도인은 크게 볼 때 두 가지 면에서 전자 장비를 통한 영성에 관계한다. 즉 개인적인 영성 활동을 할 때와 사람 간에 영성 활동을 할 때 그렇다. 여기서 내가 말하는 내용은 전자인데, 즉 믿는 사람이 각자 컴퓨터나 인터넷을 이용하여 성경을 읽고 기도하는 개인적인 경건의 시간을 말한다. 내가 경건의 시간과 성경 연구하는 일 두 가지를 구분한다는 점에 주목하라. 연구를 할 때도 책을 근거로 하는 편이 전자 장비를 통한 방식에 비해 장점이 많지만, 전자 장비 도구가 지니는 접근성과 속도는 성경 연구 및 다른 연구를 수행할 때 필요가 있음을 인정해야 한다.

거의 모든 일을 컴퓨터 앞에서 하는 데 익숙해진 사람은 영적인 훈련 역시 그렇게 한다는 사실이 놀라운 일은 아니다. 예를 들어 나역시 날마다 개인적으로 주님과 대화하는 일에 힘쓰시는 한 분을 알고 있다. 그런데 그분은 매일 기도하기 전에 이메일로 전송되는 성경 본문 또는 경건 서적을 읽거나, 마치 전자 만나처럼 아침마다 컴퓨터 화면에 자동으로 뜨는 글귀를 읽는다.

하지만 기억하라. 주님 앞에 매일 예배하는 시간은 정보를 찾는 것이 아니라 한 인격체이신 분을 구하는 시간이다. 그 순간 주님은 "너희는 내 얼굴을 찾으라"는 시편 27편 8절 말씀처럼, 사실관계를 확인하라고 명하시지 않는다. 우리는 그러한 시간에 기계가 아니라 우리 하나님과 관계 맺으려고 나아간다. 인쇄된 용지에 있는 글을 보는 것과 마찬가지로 스크린에 있는 글을 통해 하나님과 관계 맺을 수는 없는가? 물론 그렇게 할 수 있다. 능력은 하나님의 말씀에 있는 것이지 그 형식에 있지 않기 때문이다. 하지만 나는 전자 장비를 통해 하나님과 관계 맺는 것이 더 쉽고 더 단순한지 의문이다. 컴퓨터를 다룬다는 것은 널리 알려진 대로 비인격적인 경험이다. 우리는 불평한다. "전화를 걸었는데 사람이 아니라 기계가 받으면 기분이 별로 좋지 않아." 그렇다면 다른 유용한 수단이 있는데 왜 삶에서 가장 중요하신 분과 관계 맺을 때 비인격적인 수단을 사용하는가?

당신의 영성이 기술에 의존할수록 당신의 경건 생활은 하드웨어 문제, 소프트웨어 결함, 연결 문제, 정전 등 기술로 인해 발생하는 돌발변수 때문에 탈선될 수도 있다. 그리고 성경 본문을 묵상하거나 주님께 집중하려고 하는 때에도 집중을 어렵게 만드는 여러 가지 일이 발생한다. 계속해서 오는 이메일과 컴퓨터가 만들어 내는 여러 소리 및 메시지에 시달릴 수 있다.

더 빠른 컴퓨터와 인터넷이 예수님과의 친밀함을 증진하지 못한다. 전자 장비가 매력적이고 편리하기도 하지만, 더 단순한 수단으로 얻을 수 없는 영성이라면 전자 장비가 그 영성을 조금도 개선하지 못할 것이다. 전자 장비 영성을 최소화하라. 그렇게 당신의 영적 생활을 단순화하라.

59
자족함으로 단순함의 부를 쌓으라

부란 여러 형태로 온다. 오늘날 세상에서 부의 한 가지 형태는 단순함이다. 점차 복잡해지는 세상에서 받는 좌절감으로부터 자유로울수록 그 사람은 더 부유하다. 그리고 영적 생활을 단순화하는 방법 중 하나가 바로 자족을 배우는 일이다.

사도 바울은 자신의 어린 동료인 디모데에게, 돈을 벌려고 사역을 하며 거짓 경건으로 사람들을 미혹하는 부정직한 자들을 조심하라고 경고한다. 바울은 그들을 "경건을 이익의 방도로 생각하는 자들"(딤전 6:5)이라고 말한다. 그리고 이야기한다. "그러나 자족하는 마음이 있으면 경건은 큰 이익이 되느니라"(6절). 다른 말로 하자면 참된 경건은 욕심이 아닌 "자족하는 마음"을 지닌 것이고, 그것이 정말로 "큰 이익"이 된다는 말이다. 어떻게 그러한가?

자족을 배운 그리스도인은 많은 이의 영혼을 영원히 파멸시킨, 복잡하게 얽힌 악에서 자유를 누리는 "큰 이익"을 경험한다. 9절이

설명하듯 자족은 당신을 "시험과 올무와 여러 가지 어리석고 해로운 욕심…곧 사람으로 파멸과 멸망에 빠지게 하는 것"에서 자유롭게 한다. 당신이 자족한다면 욕심 때문에 기만하는 거짓 그리스도인이 될 가능성이 크게 줄어든다. 성경은 욕심 때문에 "탐내는 자들은 미혹을 받아 믿음에서 떠나 많은 근심으로써 자기를 찔렀도다"(10절)라고 말씀하기 때문이다.

수입 또는 그 외 어떤 것에든 자족하지 못하면 삶은 복잡해진다. 그리고 자족하지 못하면 지금 가진 것보다 더 많은 돈이나 대상을 추구하게 된다. 그리고 더 많이 소유하기 원하는 욕구가 충족되지 못하면 자족하지 못하는 마음이 더욱 커지기 때문에 당신을 밀어붙여 더 열심히 더 빠르게 움직이도록 만든다. 삶의 속도가 빨라질수록 그 복잡성도 커져간다.

하지만 성경은 우리에게 권고한다. "있는 바를 족한 줄로 알라"(히 13:5). 어떻게 주님은 우리가 이렇게 하기를 바라실 수 있는가? 그 이유는 같은 말씀에서 "그가 친히 말씀하시기를 내가 결코 너희를 버리지 아니하고 너희를 떠나지 아니하리라"고 하셨기 때문이다. 우리가 소유하지 못한 대상과 관계없이 주님의 임재가 주는 부유함은 절대 사라지지 않는다. 이 사실을 깨달으면 "있는 바를 족한 줄로" 알고 만족하게 된다. 그리고 이러한 그리스도 중심의 자족은 더 많은 것을 추구하려는 복잡한 욕망에서 우리를 해방시키고 단순함이라는 부를 쌓도록 한다. 그 부유함을 누리라.

60
자족을 배우라

——

자족은 단순화를 위한 최고의 방법이다. 자족은 몸과 영혼이 바른 우선순위에 집중하도록 돕는다. 자족은 더 많이 소유하려는 쉼 없는 욕망을 가라앉힌다. 자족은 지금 하나님이 베푸시는 것으로 마음을 만족하게 한다. 자족은 교만을 꺾고, 이기적인 야망의 요구를 죽이며, 우리를 움켜쥔 불안을 해소한다. 자족은 대상과 상황을 의지하는 마음을 줄이고, 편안하게 의지하는 마음을 커지게 한다.

사도 바울은 다음과 같이 밝히며 자신이 자족감을 어떻게 길렀는지 이야기한다. "내가 궁핍하므로 말하는 것이 아니니라 어떠한 형편에든지 나는 자족하기를 배웠노니 나는 비천에 처할 줄도 알고 풍부에 처할 줄도 알아 모든 일 곧 배부름과 배고픔과 풍부와 궁핍에도 처할 줄 아는 일체의 비결을 배웠노라 내게 능력 주시는 자 안에서 내가 모든 것을 할 수 있느니라"(빌 4:11-13).

바울이 자족을 배움의 대상이라고 했다는 점에 주목하라. 우리가 바울처럼 자족을 배울 수 있는 한 가지 방법이 있다. 바로 사물의 참된 가치를 인식하는 것이다. 이렇게 함으로써 우리는 "배부"르고 물질이 "풍부"해도, 물질의 풍요로움이 우리를 만족시키지 못하는 이유를 깨닫는다. 우리의 영혼과 달리 손으로 만질 수 있는 것들은 오래가지 못한다. 더욱이 하나님은, 형태가 있는 일시적인 것들이 우리 안에 있는 형태가 없고 영원한 부분을 만족시키도록 고안하지 않으셨다. 물질적인 것은 우리를 하나님과 바르게 관계 맺도록 할 수 없고 영원에 미치는 어떠한 유익도 제공할 수 없다. 그렇게 일시적이고 하찮은 것들에서 우리가 어떻게 자족할 수 있겠는가?

반대의 극단에서도, 즉 바울처럼 우리가 "배고"프고 "궁핍에 처"했을 때도 사물의 참된 가치를 인식함으로써 자족을 배운다. 바울이 경험한 자족은 피상적이거나 삶으로 검증되지 않은 것이 아니었다. 그가 당한 고난과 결핍은 실제적이었고 또한 장기간에 걸친 것이었다. 하지만 그는 참으로 자족했다. 그는 배고플 수밖에 없을 때도 자족할 수 있었다. 이러한 자족을 무감정 상태나 나태함으로 착각하지 말라. 성경 다른 곳을 보면 바울은 자신의 육체적 필요를 스스로 공급할 수 있는 곳에서는 최대한 일을 했다(살전 2:9, 살후 3:7-8 참고). 바울이 본을 보인 자족, 바울이 옹호하는 자족이란 상황을 정복하는 자족으로서 먹을 것, 쓸 것, 입을 것, 헤아릴 것, 모을 것, 만질 것이 얼마나 남았는지에 달려 있지 않았다.

한 사람이 배가 부르든 고프든, 풍부하든 궁핍하든, "어떠한 형편에든지" 자족할 수 있다면 그는 이 세상이 줄 수도 없고 이해할 수도 없는 자족의 근원을 알고 있는 자다. 모든 상황과 여건에서도 참으로 자족하는 것은, 바울의 글처럼 "내게 능력 주시는 자 안에서"만 가능하다. 쥐가 들끓는 불결한 감옥에서, 다리는 차꼬에 차이고, 불법으로 무자비하게 맞아 피투성이가 되어도 한밤에 찬양할 수 있는 자족을 주시는 분은 오직 예수님이다(행 16:22-25 참고). 바로 그리스도, 그리스도 한 분만이 우리 영에 능력을 주셔서 모든 상황에서 만족하게 하실 수 있다. 우리는 반드시 이러한 자족을 기꺼이 배워야 한다. 그것도 그리스도를 통해 배워야 한다.

그분이 당신에게 어느 지점에서부터 자족을 가르치고 싶어 하실지 생각해보라.

61
그리스도로 자족하기를 배우라

———

자족함을 키우지 않고는 누구도 자신의 영적 생활에 만족하지 못한다. 자족은 성장이 필요한 그리스도인의 미덕이다. 이 미덕은 회심하는 순간 완전히 형성되지 않기 때문이다. 오히려 사도 바울의 예처럼 자족은 배우는 것이다. 그는 빌립보서 4장 11절에서 이렇게 쓴다. "어떠한 형편에든지 나는 자족하기를 배웠노니." 그리고 그가 "모든 일"(12절)에 자족할 수 있었던 근원은 다음과 같다. "내게 능력 주시는 자 안에서 내가 모든 것을 할 수 있느니라"(13절).

바울이 우리에게 가르친 자족하는 법이란 사물의 참된 가치를 아는 것이었다. 그렇게 하면 자족이란 어떤 사물에 근거를 둘 수 있는 것이 아니라는 점을 깨닫는다. 이야말로 바울이 "배부"르든 물질이 "풍부"하든 "배고"프든 "궁핍"하든(12절) 자족하는 법을 배운 방식이다.

하지만 바울이 자족을 배운 주된 방법은 그리스도의 가치를 배우는 것이었다. 13절에 따르면 바울이 그리스도 안에서 찾은 것이 바울의 영에 능력을 주어 상황과 관계없이 자족하도록 했다. 그리고 하나님은 바울의 말을 영감하시고 보존하셔서, 우리도 자족하게 하시는 그리스도 안에서 깊은 부유함을 누리고 경험하게 하신다.

우리는 상황과 관계없이 그리스도 안에서 자족할 수 있다. 그리스도 안에서 우리는 지금부터 영원까지 필요로 하는 모든 것을 누리기 때문이다(골 2:10 참고). 우리가 믿는 자로서, 그리스도 안에서 "그리스도와 함께 한 상속자"(롬 8:17)가 되어 그리스도께서 물려받으신 모든 것을 그대로 아버지로부터 물려받는다는 사실을 깨닫는다면 어찌 자족하지 않을 수 있겠는가? 로마서 8장 32절 말씀이 암시하는 바를 깨닫는다면 어찌 만족하지 않을 수 있겠는가? "자기 아들을 아끼지 아니하시고 우리 모든 사람을 위하여 내주신 이가 어찌 그 아들과 함께 모든 것을 우리에게 주시지 아니하겠느냐." 성부 하나님은 이미 우리에게 주실 수 있는 가장 위대하고 만족스러운 선물을 주셨다. 바로 성자 하나님이시다. 그리고 성자 하나님에 더해 우리 아버지는 이 삶에서 필요한 "모든 것을 우리에게 선물로 거저"(롬 8:32 새번역) 주신다. 따라서 그리스도가 지니는 그 무한한 가치를 안다면 우리는 자족할 수 있다.

자족의 본질은 예수 그리스도 안에서 찾아낸, 비교할 수 없고 다함이 없는 보배로 만족하는 것이다. 자족은 당신의 영혼이 이렇게 말하는 것이다. "나에게는 예수님이 있습니다. 그리고 예수님으로 충분합니다."

단순화와 시간

PART **7**

62
네 자신을 훈련하라
—

나는 내일 아침 하나님의 말씀을 읽고 기도하는 시간을 넣지 말지를 결정하지 않아도 된다. 아침에 주님을 만나는 일은 오랜 시간 자리 잡은 내 일상이기 때문이다. 그리고 이 일에 헌신함으로 인해 내 영성은 단순화된다. 내가 내려야 할 결정을 하나 덜면서, 내 일상이라는 구조에 더욱 영적인 우선순위를 하나 더 엮어낸 것이다.

사도 바울은 우리에게 가르친다. "경건에 이르도록 네 자신을 연단하라"(딤전 4:7). 이 명령에 실제로 순종하는 실질적인 방법을 기독교 영적 훈련이라 하는데, 이는 자신을 주님 앞으로 이끌도록 하나님이 주신 수단이다. 그리고 이 수단을 통해 하나님과의 관계를 깊이 누릴수록 하나님은 우리를 "경건에 이르도록" 하신다. 즉 우리가 더욱 예수님을 닮아가도록 만들어 가신다. 우리가 이러한 훈련을 실천하면서 우리의 삶은 더욱 성경에 부합하는, 그리고 더욱 단순한 리듬과 형식으로 나아간다.

어떤 면에서 보자면 당신이 지금보다 영적으로 더 단순한 삶을 향유한다고 해도 삶 자체는 바쁠지 모른다. 아니 그래야만 한다. 예수님이 주신 지상 명령을 순종하는 마음으로 추구하고(막 12:28-31, 마 28:18-20 참고), "경건에 이르도록 네 자신을 연단"하다 보면 나태할 수 없기 때문이다. 하지만 개인 및 공동체로 함께 하는 영적 훈련이 삶을 바쁘게 할지라도 이는 삶을 단순화한다.

예를 들어 그리스도인이 수행하는 영적 훈련은 우리가 바른 것에 집중하도록 돕는다. 무엇보다도 가장 중요한 것, 즉 하나님을 알고 영화롭게 하는 일을 포함해서 말이다. 반대로 훈련을 실천하면 비생산적이고, 어리석고, 심지어 죄악된 일을 하며 시간을 허비하는 나쁜 습관을 막는다. 나는 말씀 묵상, 말씀으로 드리는 기도, 하나님의 백성들과 함께 하나님을 예배하는 영적 훈련을 통해 삶에 무엇을 더해야 하는지, 그리고 무엇을 덜어내야 하는지를 분명히 보게 되었다.

훈련은 하나님과 우리의 소통을 단순화함으로써 우리의 영적 생활을 단순화한다. 하나님은 우리가 하나님께 나아가는 길을 스스로 찾아 나서도록 하지 않으셨다. 우리는 어떻게 주님을 만나고 경험해야 할지 궁리할 필요가 없다. 하나님이 직접 이미 길을 다 닦아놓으셨다. 성경 섭취, 기도, 예배, 봉사, 전도, 금식, 침묵과 고독, 일지 작성, 교제 등이 우리가 하나님과 누리는 영적인 동행을 더 단순하고 만족스럽게 만든다.

아무도 저절로 그리스도와 닮아지지 않는다. 경건에 진보가 있으려면 성령으로 충만한 노력과 목적을 필요로 한다. 하지만 그리스 도인의 영적 훈련은 이를 바르게 실행하기만 하면 예수님과 더욱 닮아 가는 과정에 단순성과 질서를 가져올 수 있다. 당신은 어떤 부분에서 "경건에 이르도록 네 자신을 연단"해야 하는가?

63

네 자신을 훈련하라...율법주의 없이

나와 아내 캐피에게는 집필하는 책과 관련해 의견을 구하는 오랜 친구가 있다. 내가 이번 책 제목을 말해주자, 그는 엉뚱한 답을 했다. "규칙 없음."

"무슨 말이야?"

"영적 생활에는 규칙이 없어야 해. 나는 날마다 성경의 서로 다른 네 부분을 읽으려고 하고 있어. 그런데 어느 날은 일부러 두 부분이나 세 부분만 읽어. 나는 네 부분을 읽어야만 된다고 정하는 규칙을 원하지 않아."

하지만 성경 자체가 영성에 관해 몇몇 규칙을 제시한다. 그중 하나가 디모데전서 4장 7절이다. "경건에 이르도록 네 자신을 연단하라." 모든 그리스도인은 이 명령에 순종하여 반드시 말씀에 나오는 개인적, 공동체적 영적 훈련을 실천함으로써 그리스도와 친밀함을 추구하고 그리스도를 닮아가야 한다. 다만 우리는 성경에 없는 규칙으로 이러한 행동을 측정하는 일에는 반드시 맞서야 한다.

따라서 성경이 우리에게 영적인 훈련에 참여하라고 명한다고 하더라도, 율법주의적으로 추구하지는 않아야 한다. 율법주의란 하나님과 우리 관계에서 행위를 부당하게 강조하는 일이다. 이는 숫자, 빈도, 지속시간, 양 등으로 측정할 수 있는, 밖으로 드러나는 영성에 집중한다. 누구도 자신에게 또는 다른 누구에게 성경의 근거 없이 영성을 외적으로 측정하도록 강요할 권위는 없다. 따라서 친구에게 반드시 날마다 성경 네 부분을 읽어야 한다고 말하거나, 아니면 날마다 성경을 읽어야만 한다고 말하는 것조차 율법주의가 될 수 있다.

율법주의의 반대는 방종이다. 그리스도 안에서 자유를 누리기 때문에 영성을 측정할 수 있는 기준이 전혀 없다는 듯이 살아가는 것이다. 방종은 한 사람으로 하여금 자신이 성경을 전혀 읽지 않아도 디모데전서 4장 7절 말씀을 신실하게 따를 수 있다고 믿게 만든다.

영적으로 훈련된 그리스도인의 삶은 이 두 오류 사이에 있어야 한다. 한편으로 신자는 그리스도를 통해 경험한 하나님의 은혜 때문에 하나님의 사랑을 얻고 유지하기 위한 사람의 규칙에서 자유롭다. 갈라디아서 5장 1절은 말씀한다. "그리스도께서 우리를 자유롭게 하려고 자유를 주셨으니 그러므로 굳건하게 서서 다시는 종의 멍에를 메지 말라."

하지만 다른 한편으로는 우리 안에 "자기의 기쁘신 뜻을 위하여 너희에게 소원을 두고 행하게"(빌 2:13) 하시는, 마음을 변화시키는 그 은혜 때문에 경건에 이르도록 자신을 연단하기를 진심으로 원해야 한다. 그리고 사실 성경에 근거한 훈련(성경 섭취, 기도, 예배, 교제, 나눔, 금식)은 어떻게든 측정할 수 있다. 중요한 점은 왜 우리가 그것을 측정하느냐는 점이다. 만일 우리가 외적으로 수행하는 일에 근거해서 영혼의 상태에 관해 자신을 안심시키려고 하는 것이라면 바리새인과 다를 바 없다.

하지만 영적 생활을 단순화하거나 몇몇 목표에 자신이 합당한지를 묻기 위해서 영적 훈련의 특정 부분을 측정한다면 참으로 유익이 있다. 그래서 매일 정해진 양을 읽도록 시도해볼 수 있다. 날마다 성경을 얼마나 읽어야 하는지를 정하는 번거로움을 피하려고, 또 일 년에 성경을 다 읽어 나가기 위해서 말이다.

우리 영성의 동기가 타당하기만 하다면, 즉 모든 일을 하나님의 영광을 위해서 그리고 그리스도를 닮기 위해서 하는 것이라면 아무리 엄격하게 영적 훈련을 수행해도 율법주의가 아니다.

64
영적 멀티태스킹을 수행하라
—

멀티태스킹은 영적 생활을 단순화할 때 피해야 할 일처럼 들린다. 그리고 일반적으로는 피해야 하는 것이 맞다. 하지만 예외는 있다.

멀티태스킹은 컴퓨터가 여러 개의 작업을 동시에 수행하는 것을 지칭하는 기술 용어이다. 하지만 나는 흑백 텔레비전 시대에 버라이어티 쇼에 나와서 접시를 돌리던 사람이 떠오른다. 접시 돌리는 사람은 연필처럼 얇은 나무 막대 위에 접시를 올려 놓고서는 접시 가장자리를 쳐서 돌린다. 그런 후에는 또 다른 나무 막대 위에 두 번째 접시를 돌린다. 그런 식으로 열 개 또는 열두 개까지 한다. 마지막 접시를 돌릴 때면 첫 번째 접시가 흔들리기 시작한다. 그러면 다시 첫 번째 접시로 달려가서 다시 돌려주는 것이다.

때로 사람들은 내가 이 책과 『그리스도인의 삶을 위한 영적 훈련』*Spiritual Disciplines for the Christian Life* 등에서 언급한 것처럼, 여러 가지 영적 훈련을 지지하기 때문에 영적으로 접시 돌리는 사람이 되기를 권한다고 생각한다. 사람들은 자신을 압도하는 수많은 훈련들의 균형을 맞추기 위해 애를 쓰며, 그 결실을 누리기보다는 그저 근근이 유지하는 일에 고군분투하는 모습을 떠올린다.

우리가 한 가지 영적 훈련을 구분하고 점검할 수 있다고 해서(마치 기도, 성경 보기, 예배, 금식처럼) 그 훈련이 반드시 다른 훈련과 별개로 실행된다는 의미는 아니다. 사실 하나의 경건 활동을 하면서 대여섯 개의 훈련을, 그것도 동시에 수행하는 것은 놀라운 일이 아니다.

예를 들어 그저 "QT"를 한다고 할 때, 당신은 침묵과 고독이라는 한 가지 형태의 훈련을 수행한다. 하지만 그와 동시에 당신은 아마도 예배, 성경 읽기, 기도도 함께 할 것이다. 훈련을 세 개나 더 하는 것이다. 많은 사람이 그러면서 성경에서 얻은 깨달음이나, 묵상한 내용을 일지에도 기록한다. 그리고 당신이 우연히 금식이라도 하고 있다면, 한 가지 경건 활동을 하면서 여섯 개의 개별 훈련을 수행하는 것이다.

따라서 우리가 다양한 영적 훈련을 구분할 수는 있다고 해서 이들을 반드시 분리해야 하는 것은 아니다. 영적 멀티태스킹은 여러 개의 영적 접시를 돌리는 일이 아니다. 오히려 당신의 영혼을 위한 하나의 영적인 접시를, 맛있고 만족스러운 하나님의 양식으로 채우는 여러 방법이다.

65
잊어버리지 않게 상기시키라

——

영적 생활에 무언가 변화를 주겠다고 결심했지만 곧 실패한 적이 있는가? 아니 더 중요하게는, 하나님 앞에서 결단하고도 이내 지키지 못한 적이 있는가? 그렇다, 나도 안다. 나 역시 그렇다.

하지만 종종 내 문제는 의도적인 불순종이 아니었다. 오히려 건망증이 문제였다. 나는 변화를 이끌어 내고 싶었지만 종종 실패했던 경험이 있다. 하지만 내가 진지하지 않았기 때문이 아니라 너무나 바빠서 내가 어떤 결단을 했는지 계속해서 알려줄 알림이가 없었기 때문이었다.

예를 들어 특정한 사람이나 상황을 위해 매일 몇 차례 기도하기로 마음을 먹었던 적이 있다. 하지만 새로운 결심을 스스로에게 상기시켜줄 수단이 마땅치 않았기 때문에 틀에 박힌 일상으로 인해 내가 품었던 선한 의도를 잊고 말았다.

이 문제를 단순화하기 위해 고안한 방법이 하나 있다. 내 하루 일상 중에, 보통은 매일 하는 경건 생활 사이사이에 눈에 띄도록 알림이를 끼워 넣는 것이었다. 예를 들어 내가 몇 년간 사용한 방법은, 그날에 해당하는 일지 첫 줄에 여섯 칸이 있는(두 행, 세 열) 작은 직사각형 표를 그리는 것이었다. 각 칸은 그날에 해당하는 영적 생활의 목표를 상기시키는 역할을 했는데, 특별히 내가 잊기 쉬운 여섯 가지 활동이었다. 이것은 율법주의는 아니다. 나의 영적인 신분은 그리스도의 의로움에 근거한 것이지, 내가 스스로 만든 일관성 없는 기준에 근거한 것이 아니기 때문이다. 오히려 이 일들은 내가 하고 싶은 것(해야만 하는 것이 아니라)이었다. 그리고 나는 자신을 잘 안다. 나는 어떤 알림이가 없으면 쉽게 잊어버리는 사람이다.

때로 사용하는 다른 방법도 있다. 나는 하루 동안 내가 내렸던 결단 또는 앞으로 하려고 하는 행동을 열다섯 번 기록하려고 노력한다. 메모지, 종이, 달력, 컴퓨터 문서, 포스트잇 등 어디든 좋다. 나는 이 방법이 굉장히 효율적이라는 사실을 깨달았다. 하루 종일, 심지어 가장 바쁜 순간에도 내가 했던 결단을 내 앞에 보여주기 때문이다. 그리고 매번 그 결단을 적어 내려가는 짧은 순간 동안, 주님께서 내가 행하기를 원하신다고 믿는 것을 할 수 있도록 은혜와 능력을 달라고 기도할 마음이 생긴다.

컴퓨터 또는 기타 전자 장비에서 자동으로 알려주는 도구를 사용함으로써 기억을 되살리는 방법도 좋다. 정기적으로 자기를 반성할 수 있는 질문 목록을 살펴보거나, 당신이 결단한 내용을 기억하고 행동으로 옮기도록 돕는 일이라면 무엇이든 좋다.

잠언 13장 4절은 말한다. "게으른 자는 마음으로 원하여도 얻지 못하나 부지런한 자의 마음은 풍족함을 얻느니라." 게으른 자와 부지런한 자 모두 무언가를 원한다는 사실에 주목하라. 하지만 부지런한 자의 영혼만이 풍족함을 얻는다. 그 이유는 그는 원하는 바를 이루기 위해 행동을 취하지만 게으른 자는 그렇게 하지 않기 때문이다. 자신이 영적으로 원하는 바를 계속해서 상기시키는 무엇인가를 찾으라. 그것이 바로 소원을 현실로 바꾸는 방법이다.

사도 바울은 독자들이 특별히 기억해야 할 필요가 있는 사항이 있다면 반복해서 말하는 일을 거리끼지 않았다. "너희에게 같은 말을 쓰는 것이 내게는 수고로움이 없고 너희에게는 안전하니라"(빌 3:1). 사도 베드로 역시 독자들이 잊기 쉬운 진리를 계속 알려주는 일을 망설이지 않았다. "그러므로 너희가 이것을 알고 이미 있는 진리에 서 있으나 내가 항상 너희에게 생각나게 하려 하노라"(벧후 1:12).

어떠한 진리, 결단, 결심을 기억하는 데 도움이 필요한가? 어쩌면 당신의 영적 생활을 단순화하는 일에 대한 것일 수도 있다. 자신을 상기시킬 만한, 단순하고, 규칙적이면서도 눈에 잘 띄는 방법을 찾으라.

66

한 가지를 버리고, 한 가지를 정리하라

당신의 영적 생활을 단순화하면 반드시 삶의 다른 모든 부분에 그 영향력이 미친다. 마찬가지로 삶의 다른 부분이 과도하게 복잡하다면 당신의 영성에 해를 끼칠 수 있다. 따라서 다른 영역을 단순화하는 방법을 찾는 일은 가치가 있다. 그 영역이 당신의 영성에 영향력을 미칠 수 있기 때문이다.

예를 들어 나는 어수선하고 정리되어 있지 않은 상태가 어떤 지점을 넘어서면 내 영성에 영향을 미치게 된다. 그때 내가 종종 사용하는 전략은 매일 집이나 사무실에서 한 가지를 버리고, 한 가지를 정리하는 것이다. 그리고 이 사실을 상기시키기 위해 해야 할 일 목록에 "한 가지를 버리라" 또는 "한 가지를 정리하라"는 문구를 하나의 독립된 항목으로 기록한 날이 많다.

이 계획을 실행하는 데는 시간이 많이 들지 않는다(보통은). 엄청난 일도 아니고, 비현실적인 일도 아니다. 처리할 양이 정말 적기 때문이다. 그리고 너무나 쉽게 측정할 수 있어서, 내가 진짜로 발전하고 있다는 사실을 바로 알아차릴 수 있다. 이 계획은 잡동사니를 버리고 정리하는 일을 훨씬 현실적으로 만들어준다. 또 사물에 대한 의존도를 낮추는 데도 도움이 된다.

그래서 하루는 책장에서 책을 한 권 꺼내 중고 서점에 판매할 책들 꾸러미에 둔다. 그리고 책상 일부를 정리한다. 다음 날에는 옷장에서 중고품 할인 매장에 기부할 옷을 하나 빼고 그 옷장에 있는 선반 하나를 정리한다. 셋째 날에는 사용하지 않는 라디오를 바자회에 기부할 용품 상자에 넣는다. 그리고 마루에 쌓아놓은 것이 없는지 찾아본다.

나와 친한 사람이라면 내가 잡동사니를 치우고 정리하는 일에 갈 길이 멀다는 사실을 알 것이다. 내 삶의 많은 부분이 그렇다. 사실 이러한 일들로 씨름하는 경험이 이 책을 쓸 필요를 느끼게 만든 이유들 중 하나이다. 당신이 나와 동질감을 느낀다면 "한 가지를 버리고, 한 가지를 정리하라"는 원칙이 도움이 될 것이다.

67
당신의 영혼을 위해서 파일을 만들라

당신은 아마도 여러 용도를 위해 파일을 보관하고 있을 것이다. 예를 들면, 세금 내역서, 품질 보증서, 쿠폰, 설명서, 영수증, 입출금 내역서 등을 보관하고 있을 것이다. 그러면 왜 당신의 영혼을 위한 파일은 마련하지 않는가?

내가 파일로 보관하는 내용은 대부분 설교자 및 작가로서 작업하는 내용에 관한 것이지만, 누구라도 자신의 상황에 맞게 이러한 아이디어를 실천하고 개발할 수 있다.

나는 두 종류의 파일을 유지하고 있다. 즉 성경 파일과 주제 파일이다. 첫 번째 파일에는 육십육 개의 주제가 있는데 바로 성경 각 권에 해당한다. 그 안을 들여다보면 특정 구절을 묵상한 내용도 있고, 연구 노트도 있으며, 다른 이에게서 얻은 성경 관련 자료들도 있다.

주제 파일에는 낙태, 세례, 그리스도, 교회, 십자가, 제자도, 전도, 교제 등 원하는 모든 주제가 들어간다. 필요가 생기면 새 파일을 추가한다. 물론 당신이 이제 막 정보를 수집하고 정리하기 시작했다면, 자주 파일을 추가하게 될 것이다.

나는 신문이나 잡지에서 유용한 기사를 접할 때마다 그것을 잘라서 적당한 파일에 둔다. 이메일을 받거나 인터넷에서 무언가를 찾았으면 인쇄하여 나중에 참고하기 위해 보관한다. 새 책을 사면 내용의 목차를 사진으로 찍어 여러 파일에 둔다. 그러면 파일을 열어볼 때마다 그 주제에 관한 책이 있다는 사실을 떠올릴 수 있기 때문이다. 파일에 그 책에 관한 내용이 없으면 이 주제에 관해 매우 유익한 책이 있다는 사실조차 기억하지 못하고 넘어갈 때가 많다. 책은 보통 한 주제가 아니라 여러 주제를 다루기 때문이다.

이것이 바로 핵심이다. 이 단순한 방법을 통해, 나는 보관한 무언가를 찾고 싶을 때 쉽게 찾아낼 수 있다. 특정 구절이나 주제에 도움이 필요하면 그에 맞는 파일로 가서 나를 기다리고 있는 많은 정보를 찾아본다. 이렇게 수십 년을 하고 나니, 내 파일과 서재에 있는 수천 권의 도서 사이에 무엇을 유지해야 할지 갑자기 결정해야 한다고 하면 나는 주저 없이 파일을 택할 것이다. 내가 가진 책은 대부분 대체할 수 있다. 하지만 내 파일은 복원이 불가능하다.

잔디 깎기 설명서와 영원히 당신의 영혼에 유익을 줄 수 있는 자료가 있다. 그중에 무엇이 더 중요한가? 왜 둘 다 중요하지 않느냐고? 기본적인 파일 체계를 유지하는 훈련, 복잡하지 않은 이 훈련도 "경건에 이르도록 네 자신을 연단"(딤전 4:7)하는 한 가지 방법이다.

68
일의 영성을 인식하라

빌은 종종 자신이 열등한 그리스도인이라고 생각했다. 매일 일하는 직장의 분위기가 전혀 기독교적이지 않았기 때문이다. 그가 하는 일은 사회에 도움이 되고 필요한 것이기는 했다. 하지만 그 업계 종사자들은 거짓말쟁이, 사기꾼, 도둑으로 소문이 나 있다. 직장 분위기는 천박하고 신성을 모독하는 용어로 가득하다.

하지만 많은 신자들이 겪는 문제는 하나님을 믿지 않는 환경이 아니다. 오히려 그들을 괴롭히는 것은 노동의 의미 상실이다. 그들은 참을 수 없을 정도로 사소해 보이는 일을 하면서 그 진저리나는 나날들을 그저 터벅터벅 걸어갈 뿐이다.

이러한 상황에서 그리스도인들이 일을 하면서 예수님과 여전히 친밀한 관계를 유지할 수 있을까? 아니면 주님은 그들이 일하는 곳과 그들이 하는 일 때문에 어느 정도는 실망하실까?

하나님은 일을 제정하셨다. 성경은 죄가 세상에 들어오기 이전에, "여호와 하나님이 그 사람을 이끌어 에덴동산에 두어 그것을 경작하며 지키게"(창 2:15) 하셨다고 말한다. 하나님의 뜻에 따르면 보수를 받든 그렇지 않든, 이 세상에서 하는 모든 종류의 일은 우리가 "땅을 정복"하기 위해 필요한 것이다(창 1:28). 사람은 반드시 식량을 재배하고, 자녀를 돌보고, 옷을 만들고, 아픈 자를 돌보고, 건물과 길을 세우고, 상품을 이송하고, 도시를 다스리는 일 등을 해야 한다. 따라서 하나님이 대부분의 사람으로 하여금 "세속적"이라고 하는 직업에 종사하도록 뜻하신 것이 분명하다. 오직 소수의 비율만이 소명받은 목회자, 교회 개척자, 선교사, 기타 비슷한 일을 하는 사람이 되어야 한다(비록 더 많은 수가 필요하다고 할지라도). 그렇지 않으면 누가 현장에서 일하고, 편지를 배달하고, 배를 건조하고, 차를 만들며, 상하수도를 개발하고, 약을 만들겠는가?

하나님이 제정하셨기 때문에 모든 일에는 영적인 차원이 있다. 성경은 계속해서 유용하고 정직한 노동을 기리는데(엡 4:28, 살전 4:11, 살후 3:10 참고), 이는 하나님이 그러한 노동에 굉장한 관심이 있으심을 보여준다. 우리가 직장에서 하나님의 임재를 인식할 때, 우리는 모든 생명을 다스리시는 그분의 주권을 인정하는 것이다.

당신이 매일 하는 일이 지루하거나 중요하지 않게 보일지라도, 또는 세속적이며 하나님을 미워하는 사람들과 어울리거나 그들을 지원하는 일일지라도 "여호와께서는 자기 백성을 기뻐하[신다]"(시 149:4)는 말씀을 기억하라. 그리고 하나님은 단지 교회에서뿐 아니라 직장에서도 우리를 기뻐하신다. 그분은 보디발의 노예로 섬기던 요셉에게 하셨듯이, 목공소에서 일하시던 예수님께 하셨듯이, 장막을 만드는 사도 바울에게 하셨듯이, 당신이 일상적인 일을 할 때도 당신에게 주의를 기울이신다.

일은 영성에 방해물이 아니다. 일은 영성의 일부이다. 세속적인 일이 그리스도인에게 부적절한 상황은 아니다. 세속적인 일이라고 기독교 영성과 상반되거나 모순되지 않으며, 영성을 제한하지도 않는다. 바울은 종들에게 그들이 처한 끔찍한 상황이 하나님과 그들의 관계를 어떤 식으로도 약화시키지 않는다고 가르친다(고전 7:22). 우리 영성은, 우리가 그리스도 안에서 누구인지에 달려 있지 직장 상황에 달려 있지 않다. 하나님의 임재와 은혜는 직장 동료가 누구인지에 따라, 또는 직무분석표에 따라 제한되지 않는다.

영적 생활의 비전을 넓혀 당신이 매일 하는 일도 포함시키라. "무슨 일을 하든지 마음을 다하여 주께 하듯 하고 사람에게 하듯 하지 말라 이는 기업의 상을 주께 받을 줄 아나니 너희는 주 그리스도를 섬기느니라"(골 3:23-24). 당신의 일을 하나님께 드리라. 당신은 하나님을 위하여 일하고 있다.

69
당신이 할 수 있는 것을 하라

—

나는 진 플레밍^{Jean Fleming}을 존경한다. 이 여인은 국내 및 해외 선교
사였다. 그녀는 담대하면서도 상냥하게 자신의 신앙을 전했고, 다
른 그리스도인 여인들을 제자로 훈련하는 일을 최우선으로 삼아 성
경 공부를 인도했다. 동시에 남편의 전임 사역도 적극적으로 도왔
고, 종종 집을 개방하여 사람들을 대접했고, 지역 교회에서 섬겼다.
그리고 집에서, 또 미국 곳곳을 다니며 오랜 기간 육체적, 정신적으
로 장애가 있는 친척들을 돌봤다. 플레밍 부부는 세 자녀를 길러냈
고 이제는 할머니, 할아버지 역할을 즐기고 있다. 게다가 진은 이 모
든 일을 하면서도 여러 편의 책과 글을 남겼다.

진은 십 대 후반에 회심했다. 그녀는 처음부터 훈련을 잘 받아서
독서, 연구, 말씀 묵상, 기도, 교제, 섬김, 전도, 예배, 침묵과 고독, 일
지, 성경 암송 등을 강조하는 영적인 습관을 길렀고 잘 성장하였다.
그녀는 자신이 거의 날마다 영적 진보를 이루어간다고 느꼈다. 마

찬가지로 헌신된 남편인 로저와 결혼한 후에도 이 모든 일은 그대로 이어졌다.

그러던 그녀에게 세 명의 갓난아이가 생겼다. 그녀는 아이들의 가장 기본적인 필요를 채워주는 데에도 자기 영혼을 돌보던 시간 대부분이 사라졌다. 하나님의 일에 대한 열망은 변함없이 강렬했지만, 더 이상 들일 시간과 에너지가 없었다. 심각한 한계에 직면한 것이다.

나는 적어도 세 번, 진이 비슷한 처지에 있는 젊은 엄마들에게 들려준 이야기를 들었다. 실제로 진은 이렇게 말했다. "생의 이 순간에는 당신이 예전에 하던 대로 다 할 수는 없습니다. 영적 생활을 통해 경험하기 원하는 열망이 마음에 넘치지만 도저히 시간을 낼수 없습니다. 그래도 할 수 있는 것을 하십시오. 그것이 아무리 사소해도 그렇게 하십시오. 앞으로 시간이 더 생길 때까지 경건 생활을 뒤로 미룰 수 있다는 생각으로 자신을 속이지 마십시오. 시간이 흘러 자유 시간이 더 생겨나도, 지금의 영적인 습관이 너무 깊이 배어 경건 생활에 지금보다 많은 관심을 기울이지는 못하게 될 것입니다."

나는 진이 자신의 이야기를 풀어놓는 것도 들었다. 그녀는 한 가지 대안으로 여러 방에 성경을 펴놓았다고 한다. 부엌, 애들 방, 화장실 등등에 성경을 펴놓고 가능한 대로 자주 성경을 읽었다. 우유병을 데우거나 기저귀를 갈면서 한 구절일지라도 성경을 쳐다봤다. 사소하지만 이 훈련을 통해 말씀을 마음에 둘 수 있었고, 하나님의 임재를 항상 의식할 수 있었다. 그리고 아이들이 자라서 요구가 덜

해졌을 때는 영적 훈련이 이미 삶에 자리잡고 있었기 때문에 더해지는 시간을 그대로 훈련에 사용할 수 있었다. 진이 그리스도인으로 처음 성장하던 때에 비하자면 아이를 키우는 시기는 영적인 휴면기였다고 느껴졌지만, 그때에도 영적인 훈련을 지속했기 때문에 나중에는 오히려 이 과정을 통해 영혼이 꽃피게 된 것이다.

세 명의 갓난아기를 두었던 진과 마찬가지로 당신도 영적인 활동이 제한된 상황에 있을지 모른다. 그러한 제한된 상황을 몇 달 또는 몇 년까지 감내해야 할지도 모른다. 하지만 당신이 할 수 있는 일을 하라. 하나님은 우리가 많이 일한다고 더 사랑하지도 않으시며, 적게 일한다고 덜 사랑하지도 않으신다. 하나님은 우리를 받아주신다. 우리가 하나님을 위해 한 일 때문이 아니라 그저 하나님이 그리스도 안에서 우리에게 행하신 일 때문에 받아주신다. 성경은 말한다. "그가 사랑하시는 자 안에서 우리에게 거저"(엡 1:6) 주신다고 말이다. 그리고 그 무엇도 "우리를 우리 주 그리스도 예수 안에 있는 하나님의 사랑에서 끊을 수 없"(롬 8:39)다고 말이다. 하나님을 사랑하라. 그리고 그분이 주권적으로 지금 당신의 삶에 두신 한계 내에서 할 수 있는 일을 하라.

70

영성의 육체성을 기억하라

우리 몸은 그저 영원한 영혼을 담은 일회용 용기가 아니다. 하나님은 우리를 육신과 분리된 영혼으로, 즉 부활체를 기다리며 천국에서 지내고 있는 영혼과 같은 상태로 영원히 살도록 창조하실 수도 있었다. 혹은 우리를 벌레나 동물과 같이 영원한 영혼이 없는 육체적 존재로 지으실 수도 있었다. 하지만 하나님은 우리를 몸과 영혼의 연합체로서 온전하도록 창조하셨다. 그리고 그렇게 우리는 영원히 존재할 것이다(주님이 다시 오신 후에도 우리는 부활체를 지닌다. 고전 15:35-58, 고후 5:1-4 참고).

몸과 영혼의 관계에 이러한 특수성이 있기 때문에 육체가 때로는 영혼에 영향을 미칠 수 있는 것이다. 나는 이를 영성의 육체성이라고 부른다. 예를 들어 불면증이 기도에 미치는 부정적인 영향을 보며 우리는 이 사실을 확인할 수 있다.

몸이 영혼에 긍정적인 영향을 미치는 한 가지 방법이 있다. 바로 육체를 쓰는 휴양 활동이다. 영적인 활동은 대부분 그 정의상 영적이고 육체를 많이 사용하지 않기 때문에, 우리가 일상적으로 머리를 쓰며 앉아서 하는 일을 한다면 우리가 경험하는 종류의 자극은 그다지 다양하지 않다. 그리고 그러한 단조로움은 우리가 영적으로 행하는 일상적인 일이 삶에 미치는 영향을 작게 만든다. 따라서 휴양 활동이 신체의 두뇌 세포와 근육 조직에 제공하는 다양성은, 그 안에 거하는 영혼을 새롭게 하는 데 도움이 된다.

윈스턴 처칠은 이 사실을 알았기 때문에 일상에서 주로 뇌를 사용하는 일을 하는 사람들은 손을 써서 하는 일이 필요하다고 기록했다.

하지만 취미로서 독서와 책을 사랑하는 일은 어떤 형식일지라도 한 가지 심각한 결점을 지니고 있다. 독서는 두뇌 노동자들이 일상적으로 하는 일과 너무나 유사해서 진정한 휴식에 필수적인 요소인 변화와 차이라는 요소를 제공하지 못한다는 점이다. 따라서 우리는 마음의 평형상태를 회복하기 위해 반드시 눈과 손을 관장하는 정신 부분을 활성화해야만 한다. 많은 사람이 재미를 위해 수공예품을 만들며 큰 유익을 누린다. 가구 제작, 화학 실험, 제본, 심지어 벽돌 쌓기라도 좋다. 한 사람이 어떤 일이든 흥미를 가지고 숙련이 되면 지나치게 피로한 뇌에 참된 휴식을 제공할 것이다. 그런데 이러한 위로를 얻을 수 있는 가장 수월하면서도 최선의 방법은 스케치를 하거나 그림을 그리는 일이다. 나 스스로 생애 느지막하게나마 이 새로운 취향과 유희를 개발할 수 있어 매

우 행운이라고 생각한다.[1]

예수님은 서른 살이 되실 때까지 기도 드리고 성경을 익히는 시간 외에는 가족이 운영하는 목공소에서 직접 일을 하셨다는 사실이 널리 받아들여지고 있다. 또 사도 바울은 어린 시절에 최상급의 교육을 받았고, 그 시대의 박사 학위도 받았다. 하지만 장막을 만드는 방법을 익혔고 선교 사역 내내 필요할 때마다 그 일을 했다. 게다가 이 두 분 모두 사역이라는 영적인 일을 감당하고 개인적인 영적 훈련을 실천하는 와중에 하루에 평균 수 킬로미터씩 걸으셨다.

"좋은 피로감"을 야기하며, 자연스러우면서도 스트레스는 없는 육체 활동을 찾으라. 당신의 삶이 머리만 쓰고 손은 전혀 쓰지 않는 삶이 되지 않도록 하라. 신체 활동을 적당히 실천하여 당신의 영성을 발전시킬 방법을 배우라.

71
낮잠을 자라

—

때로 당신이 할 수 있는 가장 영적인 일은 낮잠을 자는 것이다. 미국인의 평균 수면 시간은 1850년대의 아홉 시간에서 1990년대의 일곱 시간으로 줄어들었다.[2] 다른 연구들도 우리가 경험상 알고 있는 사실, 즉 많은 사람이 "수면 부채"sleep debt를 지닌 채로 살아간다는 사실을 입증한다. 예수님(눅 6:12 참고)과 사도 바울(고후 6:5 참고) 두 분 모두 때로 하나님 나라를 위해 온밤을 지새운 것이 사실이지만, 성경은 우리 하늘 아버지에 관해서 이렇게도 말한다. "여호와께서 그의 사랑하시는 자에게는 잠을 주시는도다"(시 127:2).

하나님은 우리를 몸과 영혼의 통일체로 만드셨고, 한 편이 다른 한 편에 영향을 미치도록 하셨다. 당신의 영혼이 행복하거나 낙심되었다면 이는 당신 몸이 외적으로 보이는 모습과 당신의 몸이 느끼는 방식에 영향을 미칠 수 있다. 그리고 당신의 몸이 지쳤다면 영혼의 열정도 약해진다. 사실 피로는 종종 유혹에 맞서려는 우리의 결심을 약화시키고 분노, 욕정 등의 죄에 핑계거리를 제공한다.

하나님은 잠을 필요로 하도록 우리를 만드셨다. 목회자이자 저자인 존 파이퍼는 녹초가 되어 침대 곁에 앉아서 수면의 신학을 전개해보려고 했다. 그는 추론했다. 우리 삶의 거의 삼분의 일에 해당하는 시간을 잠으로 날려버리지 않는다면 하나님 나라를 위해 훨씬 많은 일을 할 수 있지 않을까? 그리고 마침내 결론을 내렸다. "수면은 하나님께서 우리가 하나님이 아니라는 사실을 날마다 알려주시는 장치다."[3] 우리는 전능하지도 않고 전지하지도 않다. 수면에 대한 욕구는 이 사실을 날마다 알려주는 장치다. 매일 밤 우리는 잠자리에 들며 모든 일을 반드시 하나님의 손에 맡겨야 한다.

한 마디만 경고하겠다. 영적 훈련을 죄악되게 등한시하면서 "영적인" 수면을 좀 취해야겠다고 들먹거리지 말라. 때로 하나님이 주신 책임 때문에 지친 나머지 성경을 읽지 못하고 기도하지 못하는 일이 있는 것은 사실이다. 하지만 "세상의 염려와 재물의 유혹과 기타 욕심"(막 4:19)에 의해 마음이 어지럽혀지고서 피로함을 핑계로 이러한 훈련을 회피하는 것은 다르다.

영혼이 하나님과의 교류를 필요로 하듯이 몸에는 잠이 필요하다. 때로 하나님을 가장 기쁘시게 하는 일은 "사랑하시는 자"가 그분이 주시는 선물로 잠을 받는 것이다.

72

아무것도 하지 말라. 그리고 이 무위조차도
하나님의 영광을 위하여 하라

——

성경은 우리에게 말한다. "그런즉 너희가 먹든지 마시든지 무엇을 하든지 다 하나님의 영광을 위하여 하라"(고전 10:31). 나는 이렇게 말하고 싶다. 우리가 아무것도 하지 말아야 할 때가 있는데 이 무위조차도 "하나님의 영광을 위하여" 하라.

나의 소년 시절 어느 주일 아침, 나는 부모님이 교회에 가시려고 옷을 입으시는 것을 기다리고 있었다. 나는 거실에서 불평했다. "서두르세요. 저는 여기 앉아서 생각하는 것밖에 할 일이 없잖아요."

이 말을 내뱉자마자 나는 듣고 싶지 않은 대답을 듣게 되리라는 사실을 알았다. 아마도 그래서 내가 여전히 아빠의 말을 기억하고 있는지 모르겠다. 복도 저편에서 아버지의 목소리가 들려왔다. "때로는 그냥 앉아서 생각하는 것도 좋단다."

지금과 달리, 아칸소 북동부 지역 미시시피강 하구에 있는 작은 마을에서 보낸 나의 어린 시절은 "그냥 앉아서 생각하는 것" 외에는 할 일이 없을(부모님을 기다리는 것을 제외하고) 때가 많았다. 그때를 돌아보면 그러한 무위의 시간을 지겹다고 생각했었다. 하지만 이제는 그러한 시간이 여러모로 지금의 나를 만들었다는 사실을 깨닫는다. 마음이 흐트러지지도 않고 서두를 일도 없었기에 나는 하나님이 어떻게 같은 시간에 모든 곳에 계실 수 있는지부터 시작해서 커브볼을 던지는 방식에 이르기까지 온갖 것을 생각할 수 있었다. 그리고 교회, 집, 매일 성경 읽기를 통해서 하나님과 복음에 대해 많은 것을 듣고 읽었기 때문에, 하나님의 것에 관한 생각이 내 영혼의 토양에 깊이 뿌리내릴 시간도 충분했다. 또 마음대로 상상할 시간도 넘쳐났다.

어린 시절은 사라졌다. 하지만 때때로 로댕의 작품 '생각하는 사람'을 본받아야 할 필요성을 여전히 느낀다. 오히려 여러 가지 정보로 과부화에 걸린 나의 뇌는 어느 때보다도 휴식을 취해야 한다. 당신의 뇌도 아마 마찬가지일 것이다. 그러니 때로는 하나님의 임재 가운데 하나님의 영광을 위해 아무 일도 하지 않는 시간을 확보하라. 그렇게 하면 당신의 영적 생활을 단순화하는 데 도움이 될 것이다. 영성은 아무것도 하지 않을 때보다 더 단순해질 수 없기 때문이다.

73
주일을 성경대로 보내라

───

나는 이 책을 읽는 사람이라면 교회에 출석하라고 설득할 필요는 없으리라 믿는다.⁴¹ 하지만 교회에 출석하는 좋은 습관 외에 당신은 주일에 어떤 일은 하고, 어떤 일을 하지 않는 것을 어떻게 결정하게 되었는가?

나는 이와 관련해서 그리스도인들 사이에 세 가지 주요 견해가 있다고 본다. 하나는 기독교 안식일 견해^{Christian Sabbath view}이다. 이 견해는 "안식일을 기억하여 거룩하게 지키라"(출 20:8-11)는 네 번째 계명이 하나님이 제정하신 영원한 도덕법이며 새 언약 아래에서도 온전히 남아 있다고 주장한다. 구약에서 토요일에 안식일을 지킨 대신 그리스도인은 예수 그리스도의 부활을 기념하여 일요일에 안식일을 지킨다는 것이다. 따라서 그리스도인이 오늘날에도 다른 십계명 규정들을 준수하는 것과 마찬가지로 유대교 안식일이 지니는 예식적 측면을 제외한 모든 안식일 규율을 반드시 받아들여야 한다는 것이다.

주님의 날 견해Lord's Day view는 골로새서 2장 16-17절과 히브리서 4장 9-10절 등의 본문을 근거로 안식일은 "장차 올 것들의 그림자일 뿐이요 그 실체는 그리스도에게 있습니다"(골 2:17 새번역)라고 주장한다. 속죄일과 마찬가지로 안식일은 그리스도를 가리킨다. 예수 그리스도가 참된 안식일이다. 그리고 하나님과 바른 관계를 누리는 방법으로 선행을 의지하지 않고, 우리 대신 그리스도께서 마치신 공로를 믿음으로 의지할 때 우리는 "안식일을 지키[는]"(더 정확히 표현하자면, 그리스도께서 우리를 위해 안식일을 완벽하게 지키셨다) 것이라고 주장한다. 이러한 견해를 지지하는 자들 사이에는, 공적인 예배에 출석하는 일 외에 주일을 지키는 것이 무엇을 의미하는지에 관해 다양한 관점이 존재한다.

하지만 대다수의 그리스도인은 세 번째 입장을 선호한다. 나는 이를 무인식 견해Oblivious view라고 부른다. 다른 말로 하자면 이러한 사람들은 교회에는 나가지만, 그 외에는 성경이 일요일에 무엇을 해야 하고 무엇을 하지 말아야 한다고 말하는지 전혀 생각해보지 않은 사람들이다. 그들은 이러한 사항에 대해서 성경이나 그 외의 어떤 사실에 근거해서 행동하지 않는다. 그저 문화의 영향을 받은 대로 결정할 뿐이다. 그리고 그들의 행동에 영향을 미치는 "문화"란 교회 문화일 수도 있고 일반적인 문화일 수도 있다. 하지만 주된 영향은 어쨌든 문화이다. 대부분의 교회 사람들이 일요일 저녁에 가게도 가고 쇼핑몰도 간다면 그들은 아무 생각 없이 그렇게 한다. 또 같은 문화권에 있는 사람들이 보통 일요일 저녁에 풋볼 경기를 본다면, 일요일 저녁 식사를 마치고 텔레비전을 켜고 경기를 보는 것을 두 번 생각하지 않는다.

나는 당신이 주일에 하는 활동이 무엇이든지 의도적으로 성경에 근거를 두고 결정하도록 권한다. 그리고 이는 그리스도인이 하는 모든 일에 필요한 작업이다. 그렇지 않은가? 또 당신이 일요일을 보내는 방식에 관해 성경의 권위를 인정하는 것이 참된 영성에 더 가까워지는 길이다. 문제를 연구하라, 스스로를 납득시키라 그리고 그에 따라 행동하라. 성경대로 살기로 택하는 편이 언제나 하나님께 더 큰 축복을 받고 그분께 영광을 돌리는 일이라는 사실을 믿으라.

74
주일을 즐거워하라

안식일이라는 성경 용어를 들었을 때 가장 먼저 어떤 생각이 드는가? 신약에 익숙한 사람들을 포함하여 많은 이들이 우선 율법주의를 떠올릴 것이다. 왜냐하면 복음서에서 안식일을 언급하는 거의 모든 말씀은, 바리새인들이 예수님을 그들이 세운 규칙을 어겼다고 고발하는 내용과 관련이 있기 때문이다. 하지만 하나님의 본래 의도는 유대인들이 "안식일을 일컬어 즐거운 날"(사 58:13)이라고 일컫는 것이었다. 하나님은 모든 사람이 그날에 "여호와 안에서 즐거움을 얻"(14절)기를 원하셨다. 하나님은 사람이 금지 조항 때문에 두려워하기를 결코 바라지 않으셨다. 오히려 하나님은 안식일이 즐거운 날, 한 주의 최고의 날이 되도록 고안하셨다.

구약에서도 이러했다면, 그리스도를 통해 하나님을 알고 성령님을 모시게 된 자들은 "주의 날"(계 1:10)을 얼마나 더 즐거워해야 하는가?

어떻게 이렇게 할 수 있을까? 이전 장에서 언급했던 것처럼 성경이 주일에 관해 가르치는 내용을 받아들이는 관점은 다양하다. 하지만 성경에 굳게 뿌리내린 사람은 적어도 다음 두 가지 원칙에는 동의할 것이다(더 많은 원칙을 주장하는 이도 있겠지만). 첫째, 주일에 우리가 누리는 가장 위대한 특권이자 가장 중요한 책임은 하나님의 백성들과 함께 하나님을 예배하는 일이다. 구약의 안식일만 예배하는 날이 아니다. 우리에게도 사도의 명령이 있다. "모이기를 폐하는 어떤 사람들의 습관과 같이 하지 말고"(히 10:25). 그리고 이 명령과 관련해서 사도들은 본을 보였다. 그들은 "그 주간의 첫날에"(행 20:7, 고전 16:2) 예배했다.

둘째, 일요일에 하는 우리의 모든 행위는 이날이 "주일"이라는 사실을 반영하는 것이 되어야만 한다(물론 이 사실에 덧붙여 시편 118편 24절은 모든 날에 관해서 "날은 여호와께서 정하신 것이라"고 한다). 당신도 예상하다시피 이 말이 실질적으로 무엇을 의미하느냐의 측면은 매우 개인적인 사항이고 격렬한 논쟁의 대상이다. 하지만 나는 일반적으로 하나님을 누리는 일을 증진하는 것들을 전심으로 추구하라는 뜻이라고 생각한다. 여기에는 교회와 가족에게 덕을 세우고, 하나님 나라를 확장하며, 우리 영혼과 육체를 새롭게 하는 일들도 포함한다.

몇 년 전 나는 훨씬 의도적으로 주일을 즐기기 시작했다. 한 가지 변화가 있었는데 일요일 오후에 텔레비전으로 경기를 보며 지내던 시간을 다르게 보내기로 한 일이다. 더 이상 스포츠 경기를 보기가 싫어졌기 때문은 아니었다. 당시 나는 언제나처럼 그 스포츠를 즐기고 있었다. 다만 영혼을 잘 회복시키고 몸을 재창조하는 활동을 하기 위해 경기 시청을 멈췄다. 사람들은 텔레비전 앞에서 "빈둥거린다"고 말한다. 몇 시간씩 스크린을 쳐다보는 일이 우리를 더 피곤하게 만들지는 않겠지만 우리에게 활력을 불어넣지도 못한다. 잠자기, 기도 산책, 성경이나 다른 양서를 홀로 또는 가족과 함께 읽기, 다른 신자와 나누는 영적인 교제 등과는 달리 텔레비전을 시청하는 오후 시간은 상쾌하지 않다.

당신이 칠십 살까지 산다고 치고 내가 제안한 방식으로 매 주일을 보낸다고 상상해보라. 그러면 당신은 그중 십 년은 하나님의 백성들과 함께 주님을 예배하고, 훌륭한 글을 읽고, 자녀 또는 손주들과 놀고, 산책하고, 교제를 나누고 잠을 자는 시간으로 보낼 것이다. 이렇게 하는 것이 부담처럼 들리는가? 사람들은 대부분 이러한 삶을 꿈꾼다. 그리고 당신이 주일을 즐거워할 때 당신도 이러한 삶을 누릴 수 있다.

75
멈춤으로 한 주를 시작하라
—

유에스에이 투데이^{USA TODAY} 최근호 전면 제목은 "24/7, 우리의 생활 방식이 되다"였다(24/7이란 하루 24시간, 일주일에 7일이란 뜻으로 연중무휴의 의미를 가짐—편집주). 이 기사는 이렇게 시작한다. "이 나라는 비공식적으로 새로운 표어를 가지게 되었다…24/7. 24/7, 괜한 말이 아니다. 우리가 살아가는 방식을 완전히 뒤바꾸는 문화 전반에 걸친 대지진이다."[5]

과거에 우리는 반드시 생활을 조정해야만 가게나 관공소가 문을 닫기 전에 장을 보거나 일을 처리할 수 있었다. 하지만 이제는 밤새 문을 여는 가게들이 점점 늘어나 언제 어디서나 쇼핑의 "편의"를 누리게 되었다. 또 우리는 이십사 시간 내내 최신 뉴스와 재미 있는 무언가를 찾아볼 수 있다. 이메일은 밤낮 가리지 않고 쌓여 가며, 계속 팽창하는 사이버 우주^{cyberspace}에는 유용한 웹사이트가 이루어 낸 거대한 은하계가 탐험^{explore}을 기다리고 있다. 우리는 기술과 번

영이 제공한 이러한 전례 없는 기회 덕에 이전 어느 세대에 비해서도 수면 부족에 시달린다. 그리고 수면 부족은 결국 우리가 매일 이십사 시간 분주하게 지내지 못하도록 막는다.

하지만 24/7에서 "7"은 또 다른 문제다. 몇 년 전만 해도 여전히 모든 문화가 일요일의 속도를 조금은 다르게 유지했었다. 문을 여는 상인은 많지 않았다. 일하는 사람도 적고, 사고파는 물건도 많지 않고, 일하거나 무언가를 사기 위해 종종걸음치는 사람이 거의 없었다는 뜻이다. 일반적으로 모두가 일요일은 다른 날보다 천천히 그리고 단순하게 보냈었다. 그런데 오늘날에는 주일을 다른 여섯 날만큼 바쁘지 않게 만드는 제약이 거의 존재하지 않는다. 실제로 월요일부터 토요일까지 할 수 있는 일은 주일에도 똑같이 할 수 있다. 많은 그리스도인에게 있어서도 그날은 교회에 출석하고, (아마도) 일하러 가지 않는다는 점만 제외하면 다른 날과 아무런 차이가 없다.

이는 거의 모든 사람의 삶이 그렇게 복잡해 보이는 큰 이유이다. 24/7 세상에서는 언제 한 주가 시작하고 마치는지에 대한 감각이 전혀 없다. 우리가 멈춰야만 하는 날도 더 이상 존재하지 않는다. 그 결과 오늘날 그리스도인의 영적 심플 라이프를 위해서는 주의 날을 즐거워하는 것보다 더 절실한 방법은 없다.

성경은 일요일을 "안식 후 첫날"(마 28:1)이라고 지칭한다. 우리의 한 주에는 분명히 시작이 있다. 그리고 그날 우리는 반드시 한 주가 종료되는 느낌과 또 다른 한 주가 시작되는 신선함을 느껴야 한다. 하지만 그렇게 되려면 우리는 반드시 멈추기를 선택해야 한다. 우리는 반드시 한편에는 벽을 세워 마무리하지 못한 밀린 일들을 막고, 또 다른 한편에는 기술과 번영이 주는 매력적인 기회들을 막는 벽을 세워야 한다. 그렇게 한 후, 그 사이에 생긴 아늑한 공간에서 하루를 살아야 한다. 우리의 영혼과 육체의 건강을 위해서, 가족과 관계가 주는 축복을 위해서, 교회와 하나님 나라의 건설을 위해서 그렇게 해야만 한다.

세상은 24/7을 살게 두라. 하지만 나는 시작과 끝이 있는 한 주를 원한다. 하나님은 "나 여호와가 엿새 동안에 천지를 창조하고 일곱째 날에 일을 마치고 쉬었음이니라"(출 31:17)는 말씀으로 본을 보여 주셨다. 그분이 보이신 본을 따르며 주일을 즐거워하라.

76
주일에는 여백을 두라
———

나는 성경 외에 두 번 읽은 책이 거의 없다. 하지만 리차드 스웬
슨 Richard Swenson의 『여백과 과부하 신드롬』 Margin and The Overload
Syndrome은 너무 유익해서 네 번이나 읽었다. 스웬슨은 기술과 경제
의 거침없는 진보가 오히려 가장 중요한 영역의 진보를 잠식한다고
경고한다. 그것은 바로 우리가 하나님 그리고 다른 이와 맺는 관계
이다. 스웬슨에 따르면 이러한 잠식은 기술 및 경제의 "발전"이 점
점 삶에 여백을 없애기 때문에 발생한다. 기술의 진보란 필연적으
로 우리 삶을 복잡하게 만든다. 정보와 오락에 관해서 우리의 책임
과 선택을 늘리기 때문이다. 경제의 진보가 더 많은 여가를 만들어
내는 일은 거의 없다. 오히려 보통은 더 많은 일과 더 많은 빚을 초
래하고, 그 결과 일을 해야 한다는 압력은 더 강해진다. 그러면서 언
제나 우리의 여력을 고갈시키고, 우리의 몸, 감정, 돈, 시간 사용에
여백 없이 살게 만든다. 그리고 결국 우리는 이러한 영역에서 붕괴

된다.

스웬슨은 삶의 모든 영역에 여백을 회복하기 위해, 필요한 전면적인 변화를 이룰 수 있는 사람은 소수에 불과하다고 본다. 내 생각에는 많은 사람이 여백을 회복하는 작업을 시작할 수 있는, 또 해야만 하는 한 가지 영역이 있다. 바로 주님의 날이다. 이렇게 하는 두 가지 방법이 있다. 무언가를 하지 않는 자유 시간을 확보하고, 무언가를 할 수 있는 자유 시간도 확보하게 일정을 짜는 것이다.

바쁜 일을 하지 않도록 스케줄을 짜라. 언제나 해야 할 일이 쌓여 있지만 주일에는 집안일을 피하라. 세탁, 청소, 광내는 일, 집수리, 그 외 당신을 기다리는 모든 일로부터 자유로운 날로 만들라. 정원일, 세차, 차고 청소, 심부름, 청구서 처리, 물품 정리 등 그 외 모든 지루한 일도 마찬가지다.

경제 활동을 하지 않도록 스케줄을 짜라. 이 하루는 인터넷으로도 돈을 쓰지 않고 살도록 해보라. 사고파는 일 대신 베푸는 일(주로 당신의 교회를 통해)과 사고팔 수 없는 것에 대한 일에 집중하라.

전자 장비를 통해 연락이나 오락을 하지 않도록 스케줄을 짜라. 당신은 일하는 시간 동안 대부분 컴퓨터 스크린을 쳐다보며 지내는가? 평일 저녁에는 보통 텔레비전 앞에서 시간을 보내는가? 그렇게 하고서 주일에도 이메일을 보내고 인터넷을 검색하고 텔레비전을 시청하기 때문에 다른 날과 별 차이가 없다. 한 주의 첫날에는 다른 날에 주로 하는 활동에서 휴식을 취하라.

삶에서 가장 중요한 일을 하도록 스케줄을 짜라. 다른 일을 하지 않음으로써 확보된 시간에 하나님을 예배하는 일(주일에 우리가 최고 우선순위로 삼아야 할 일)과 하나님 나라의 일을 하라. 되도록 휴식, 침묵과 고독, 독서, 특히 성경과 기독교 서적을 읽음으로써 몸과 영혼을 보충하는 일을 추구하라. 주중에는 그러한 시간이 제한되어 있기 때문이다. 또 주일은 가족이 함께하는 날로 생각하라. 가까운 가족 및 교회 식구와 함께하라.

예수님이 처음으로 마리아와 마르다의 가정에 방문하셨을 때, 마리아는 "주의 발치에 앉아 그의 말씀을 듣더니 마르다는 준비하는 일이 많아 마음이 분주"하였다. 마침내 예수님은 말씀하셨다. "마르다야 마르다야 네가 많은 일로 염려하고 근심하나 몇 가지만 하든지 혹은 한 가지만이라도 족하니라 마리아는 이 좋은 편을 택하였으니 빼앗기지 아니하리라"(눅 10:39-42). 주일에는 마르다와 같이 되지 말고, 마리아와 같이 되도록 자유 시간을 계획하라. 고갈이 아닌 여백으로 당신의 한 주를 시작하라.

단순화와
다른 이들

PART **8**

77
가정 예배를 단순화하라
——

나에게 영적인 아버지와 같은 한 분이 계신데, 이분은 결혼하기 전부터 아내와 "가족 제단"^{family altar}이라는 것을 시작하셨다. 그리고 자녀와 손주가 생기기까지 오십 년이 넘도록 신실하게 지속하셨다. 안타깝게도 오늘날 가장 복음주의적이라고 하는 교회에 속한 남성들도 집에서 날마다 가정 예배를 드리는 사람은 별로 없어 보인다. 어떤 사람은 교회 사역에 적극적으로 참여하면 가정 예배는 필요가 없다고 생각한다. 또 텔레비전, 인터넷 그리고 함께 식사하기도 어렵게 만드는 빡빡한 일정으로 인해 가족이 함께 성경을 읽고 기도하며 하나님께 찬양하는 일은 뒤로 밀려나고 말았다.

하지만 가정의 아버지(부재 시는 어머니)는 하나님으로부터 그 가정에 영적인 지도력을 발휘할 책임을 받았다. 주님은 아브라함에게 말씀하셨듯이 모든 아버지가 "그 자식과 권속에게 명하여 여호와의 도를 지[키게]"(창 18:19) 하기를 원하신다. 아버지는 자녀를 "주의 교훈과 훈계로 양육"(엡 6:4)해야 한다. 모든 남편은 그리스도께서 그분의 신부인 교회를 사랑하시듯이 아내를 사랑해야 한다. 또한 신부의 발을 "물로 씻어 말씀으로 깨끗하게"(엡 5:26) 닦아주신 그리스도를 본받아야 한다.

유일한 방법은 아니겠지만, 이 모든 말씀의 내용을 꾸준하게 실질적으로 적용하는 가장 단순한 방법은 매일 가정 예배를 드리는 것이다. 이야말로 세대에 걸쳐 그리스도인들이 줄곧 이 본문을 이해한 방식이다. 예를 들어 1600년대 침례교와 장로교 모두 이 성경 가르침을 보며, 가정 예배를 기대하는 내용에 관해서 각기 고백문에 비슷한 표현을 포함시켰다. 그리고 오늘날까지 많은 교회가(적어도 공식적으로는) "하나님은 영과 진리로 예배받으셔야 하며, 가정에서도 날마다 그리되어야 한다"[1]고 여전히 주장한다.

하지만 어떻게 된 일인지 많은 사람이 가정 예배는 복잡하고 준비하는 데 시간이 많이 소요된다고 생각한다. 하지만 당신은 가정 예배를 위해 개인적으로 하나님을 예배할 때보다 더 많은 준비를 할 필요는 없다. 가정 예배에 있어서 그 모든 일은 단순한 세 가지 요소로 축소할 수 있다. 즉 읽기, 기도하기, 찬송하기이다.

읽으라. 가정 예배의 가장 중심이 되는 것은 성경이다. 가족에게 적당한 분량의 본문을 읽고 마음에 감동되는 대로 이야기하라. 아이가 있는 가정은 성경 이야기 부분에 중점을 두어야 하고, 가능하면 잠언이 좋다. 결국에는 가장 효과가 있어 보이는 방식은 성경 한 권을 정해서 하루에 한 장씩 계속 읽는 것이다. 자녀가 이해했는지 알아보기 위해 몇 가지 질문을 던지거나, 기억하는 내용을 다시 말해보라고 하는 방식을 권한다.

기도하라. 당신이 읽은 본문의 말씀이 제기하는 문제를 두고 기도하라. 남편 또는 아버지가 반드시 기도한다. 그리고 가족 중 한 사람 또는 모든 사람이 기도한다. 보통 이 과정은 간략할 것이다.

찬양하라. 찬송가를 아카펠라로 부르라. 아니면 녹음된 음악을 따라서 찬양하거나 가족의 음악가가 인도하라. 한 절만 부르거나 가족이 원하는 만큼 부르라.

"읽기, 기도, 찬양"의 순서는 어떻게 되든 좋다. 반드시 길어야 할 필요는 없다. 어린 자녀들이 흥미를 보이지 않거나 잘 집중하지 못해도 인내하라. 당신은 가정 예배를 인도함으로써 하나님께 책임을 다하는 것뿐만 아니라 자녀에게 하나님을 소개하고 있다는 사실을 기억하라. 이렇게 함께하는 순간에 당신의 자녀는 하나님과 하나님의 말씀에 대한 당신의 사랑을 볼 수 있다. 그러다 보면 가르침을 잘 받아들이는 순간들이 찾아올 것이다.

따라서 오늘부터 가정 예배를 시작하라. 언제 예배하는지는 중요하지 않다. 어떤 사람에게는 이른 아침이 가장 좋다. 또 다른 이에게는 식사 시간, 잠자기 전이 좋을 수 있다. 그저 시작하기만 하라. 당신이 결혼한 지 오십 년이 되었든, 막 결혼했든 상관없다. 시작하기만 하라. 단순하게 하고 계속해서 하라.

78

영적 유산을 남기라

———

잠언 13장 22절은 말한다. "선인은 그 산업을 자자손손에게 끼쳐도." 부모가 지혜롭게 물질과 재정을 유산으로 남기는 일은 좋은 일이며 상속자에게 큰 축복이 될 수 있다. 하지만 당신은 보다 영적인 유산을 가족에게 남기는 방법을 생각해본 적 있는가?

우리가 단순화하려고 애쓰는 이러한 영적 생활도 우리만을 위한 것은 아니다. 우리는 다른 이에게도 영적인 영향력을 미쳐야 할 책임을 지고 있다. 특히 가족 구성원에게는 더 그러하다. 이러한 목적을 위해 당신이 기도와 함께 영적인 타임캡슐로 남겨서 당신의 후손이 세대에 걸쳐 축복을 받도록 할 몇 가지 항목이 있다.

기도. 사랑받는 성경 주석가인 매튜 헨리는 지혜로운 부모는 은과 금보다 기도의 보배를 남기는 일에 관심이 많다고 말했다. 우리가 죽고 오랜 후, 하나님은 우리가 오늘 그분의 보좌에 아뢴 기도를 자녀와 장래의 후손에게 응답하실 수도 있다. 히스기야의 악한 아들인 므낫세는 히스기야가 죽은 지 수십 년 후에 회개하고 주님께 돌아왔다(왕하 33:12-19 참고). 그 아버지가 망나니 아들을 위해 풍성한 기도의 유산을 남겼음은 분명하다. 당신은 편지나 일지로 후손을 위한 당신의 기도를 보존할 수 있다.

일지. 지금부터 백 년 후에 당신을 알 수 있는 것이라고는 사진이나 영상 그리고 당신이 기록한 내용이 전부일 것이다. 당신이 수십 년을 살며 온갖 수고를 했어도 지금으로부터 한 세기만 지나면 당신의 직계 후손조차 당신의 영성을 전혀 알지 못할 것이며, 알아도 매우 제한적일 것이다. (지금 당신과 똑같은 모습으로 1200개월 전에 살아 움직이던 당신 선대의 영적 상황에 관해 무엇을 아는가?) 후손에게 당신이 어떻게 예수 그리스도를 통해 하나님을 알게 되었는지 분명하게 기록하여 증거로 남기라. 기도에 응답하신 일, 하나님의 놀라운 섭리, 중요한 영적 사건, 그리고 하나님이 당신 가족 역사에 행하신 일을 기록하라. 당신 후손들에게 그리스도를 신뢰하고, 가정에서 기독교 유산을 지키고, 천국에서 만나자고 촉구하는 편지를 쓰라. 당신에게 영향을 미친 책들을 목록으로 만들라.

책. 당신의 자녀와 또 그들의 자녀에게 장서, 특별히 기독교 서적들을 남기라. 주님은 당신이 사라지고 오랜 세월이 지난 후에도 그 책을 사용하여 당신의 후손을 그리스도께 인도하시며 영적 생활에 든든한 인도자로 삼아주실 것이다. 비록 아직 태어나지 않았다고 해도 자녀와 손주를 위해서 좋은 책을 수집하라. 나는 언제나 딸 로렐런을 위해서 제대로 읽지도 못할 때부터 책(기독교 서적과 일반 서적 모두)을 샀다. 그리고 사실 로렐런이 고작 여섯 살일 때부터 딸의 아이를 위해서도 책을 사기 시작했다. 그래서 남자아이들 책을 할인하면, 로렐런이 절대 읽지 않을 것을 알면서도 언젠가 손주를 볼 날을 기대하며 샀다. 오늘 내가 손주를 위해 찾아낸 이 책 중 몇 권이 그때도 찾아볼 위대한 중고책이 될지 누가 알겠는가?

일간 계획표daily planner. 시간이 있다면 당신만의 일간 계획표를 기록하여 보관하라. 이는 어떻게 당신이 시간을 사용했는지를 보여주며, 일지와 조합하면 당신이 성인이 되었을 때 어떤 삶을 보냈는지 꽤 온전하게 보여주는 자서전이 될 것이다.

물론 당신이 남기는 가장 직접적인 영적 유산은 자녀와 손주가 바라보는 앞에서 당신이 살아가는 삶 자체이다. 하지만 당신의 손주 또는 증손주 중 일부(혹은 전부)는 당신을 개인적으로 전혀 알지 못할 것이다. 하지만 당신이 풍부한 영적 유산을 남긴다면 그들은 당신에 대해 이렇게 이야기할 것이다. "그가 죽었으나 그 믿음으로써 지금도 말하느니라"(히 11:4).

79
영성을 자극하는 책을 가족에게 읽어주라

—

나는 당신이 자녀에게 책을 읽어주는 일이 얼마나 중요한지 잘 이해하고 있다는 가정하에 이 장을 쓴다. 나는 당신의 자녀가 받아들이는 한 (성인이 되어서도) 이 일을 실천하기를 바란다. 또 자녀가 없다면 배우자에게 읽어주는 방법도 좋다.

가족에게 책을 읽어줄 때, 그것이 그저 가족이 함께하는 시간을 잘 보내는 것을 넘어서 당신과 자녀의 영성을 자극하는 일이 되도록 하라. 반드시 분명하게 기독교 주제를 다루는 책만 읽어야 한다는 뜻은 아니다. 다만 다음 두 가지를 권한다.

첫째, 정말 잘 쓰인 책을 가족에게 읽어주라. C. S. 루이스는 말했다. "나이 오십에 읽을 가치가 없는 책은 열 살 때도 읽을 가치가 없다." 그리고 이런 말도 했다. "어린이만 즐기는 어린이 책은 나쁜 어린이 책이다."[2] 모든 나이대가 즐기는 책은 예외 없이 보편적이고, 영구적인 주제를 다룬다. 가족 성경 읽기 시간(그리스도인 가정에서 필수

적인)에 관심을 덜 보이는 어린이라도 재미있게 읽어주는 이야기에
는 관심을 기울일 것이다.

이 사실은 두 번째 요점으로 이어진다. 가족에게 책을 읽어주면
서 가르칠 수 있는 순간을 활용하라. 지혜로운 낭독자는 언제나 위
대한 이야기를 성경 가르침과 연결한다. 사실 이렇게 하는 것은 부
모로서 신명기 6장 6-7절의 유명한 가르침을 적용하는 가장 쉬운
방법이다. "오늘 내가 네게 명하는 이 말씀을 너는 마음에 새기고
네 자녀에게 부지런히 가르치며 집에 앉았을 때에든지 길을 갈 때
에든지 누워 있을 때에든지 일어날 때에든지 이 말씀을 강론할 것
이며."

루이스 자신이 쓴 『나니아 연대기』 같은 고전도 좋다. 아니면 보
다 분명히 기독교 기준에 부합하는 존 번연의 『천로역정』같이 재미
있을 뿐 아니라 덕을 세우는 책을 읽으라.

80
식탁에서 축복 찬양을 부르라
—

어린 시절 부모님께서 식사 때 내게 맡기신 책임은 음식을 주신 주님께 감사하고 주님의 축복을 간구하는 일이었다. 부모님은 기도 내용을 다르게 해야 한다고 하시지는 않았다. 그래서 얼마 지나지 않아 하루에 세 번 하는 이 습관은 기계적인 반복이 되고 말았다. 한 번은 이 의식을 아무 생각 없이 하다가 "하늘 아버지"라고 말해야 하는데 전화 받는 것과 혼동을 일으켜서 "여보세요"라고 기도를 시작하기도 했다.

음식을 주신 하나님께 감사하는 이 전통적인 습관은 성경 시대까지 거슬러 올라간다. 예수님은 떡과 물고기로 수천 명을 먹이는 이적을 행하시기 전에 아버지께 "축사"(마 15:36)하셨다. 마지막 식사 중에 제자들에게 떡을 떼신 것도 "축사하시고" 하신 일이었다(고전 11:24). 사도행전은 사도 바울이 "떡을 가져다가 모든 사람 앞에서 하나님께 축사"(27:35) 했다고 기록한다. 그리고 디모데전서 4장 3-5절에서도 그렇게 행하라고 가르친다.

기도하며 하나님께 감사할 때 다른 이를 따분하게 만들기로 작정한다거나 스스로 지겨워지고 싶은 사람은 아무도 없다. 하지만 우리가 매년 천 번이 넘도록 하나님께 몇 시간마다 같은 대상(우리 음식)에 대해 감사한다면, 의식하지 못한 채 기도하는(예수님이 마태복음 6장 7절에서 "중언부언"이라고 비난하신 행위) 모습이 쉽게 나타나기 마련이다. 식탁에서 축복 찬양을 부르면 이러한 틀에 박힌 행위를 새롭게 할 수 있다.

어디서부터 시작해야 할까? 간단히 조사한 결과 이 주제를 다루는 인터넷 페이지 몇몇을 찾아볼 수 있었다. 각 사이트는 가사를 게시하고 친숙한 곡을 붙여서 부를 것을 권한다. 가끔은 별로 노력하지 않고 그중 하나를 여러분의 식탁에 적용할 수 있다. 하지만 자신만의 축복 찬양을 만드는 편을 선호하여 성경 구절을 인용할 수도 있다. 또한 음악 수업을 들은 아이라면 가족만 부르는 감사 찬양을 위해 짧은 곡을 즐겁게 작곡할 수도 있을 것이다. 아니면 식사 시간에 가족 프로젝트로 식탁 축복 찬양을 만들어볼 수도 있다.

다른 방법과 마찬가지로 식탁 축복 찬양 역시 변화 없이 반복한다면 아무 생각 없이 하는 틀에 박힌 일이 될 수 있다. 하지만 지혜롭게 활용하면 식사 시간에 주님께 감사 찬양을 부름으로써 흔한 일을 단순한 아름다움으로 아름답게 꾸밀 수 있다.

81
사람들에게 어떻게 기도해줄지 물으라

——

나는 한 가지 간단한 질문이 사람의 마음을 열어 복음을 듣게 하는 모습을 거듭 목격했다. 이 질문을 던지기까지 그들은 영적인 문제에 전혀 관심을 보이지 않았다. 하지만 이 여섯 단어를 들은 후에는 사람들이 갑자기 울기 시작하며 반감이 사라지는 것을 봤다. 그 질문은 바로 "제가 당신을 위해 어떻게 기도해 드릴까요?"이다.

당신에게 이 질문은 그렇게 강력해 보이지 않을 수도 있다. 아마도 당신은 이 말을 들어봤거나, 아니면 이와 비슷한 질문을 꽤 자주 들었기 때문일 것이다. 성경 공부 모임이나 교회 기도 시간에는 매주 기도 제목을 묻는다. 어쩌면 주일 아침마다 주보에서 간절한 기도 제목을 봤을지도 모른다.

하지만 세상 사람은 대부분 그러한 요청을 전혀 들어보지 못했다는 사실을 알아야 한다. 교회에 다니는 많은 사람이 목회자가 기꺼이 그들을 위해 기도해준다는 사실을 안다. 하지만 어떤 전통에 따르면 그러한 요청을 하기 위해서는 교회에 특별 헌금을 하는 것이 당연한 일이다. 따라서 당신이 "제가 당신을 위해 어떻게 기도해 드릴까요?"라고 묻는다면 그저 사랑으로 묻는 것임이 분명하기에 이 질문은 당신이 생각하는 이상으로 한 사람을 깊이 만진다.

이 질문은 예수님이 때때로 직접 물으셨던 질문과 비슷하다. "너희에게 무엇을 하여 주기를 원하느냐"(마 20:32). 우리가 진정으로 묻는 내용은 "제가 당신을 위해 예수님께 무엇을 해달라고 구하기를 바랍니까?"이다. 그리고 이 질문을 통해 우리는 그리스도의 사랑을 사람들에게 보이고 복음에 닫혔던 마음을 열 수 있다.

내 옆집에는 은퇴한 어느 경영자가 살고 있었는데, 그는 사업으로 산전수전 두루 겪은 사람이라 마음이 매우 강퍅했다. 나는 그와 하나님에 관해 이야기를 나눠보려고 여러 번 노력했었다. 하지만 그는 자신의 감정을 감추고 의미 없는 수준의 대화를 유지해 나가는 데 전문가였다. 어느 날은 각자 집 앞에 서서 이야기하던 중에 물었다. "제가 당신을 위해 어떻게 기도해 드릴까요?" 그러자 그 사람의 눈에 눈물이 그렁그렁하더니 교만으로 가득한 허울이 녹아내렸다. 칠 년 만에 처음으로 그는 내가 예수님을 이야기하도록 허용했다.

이는 짧고, 쉽게 기억할 수 있는 질문이다. 당신은 오랜 친구들 또는 지금 막 만난 사람에게도 이 질문을 사용할 수 있다. 이 질문은 그때까지 피상적인 대답만 하던 사람들에게도 지나치게 사적이거나 강요하는 질문처럼 들리지 않는다. 그리고 종종 복음을 끝까지

들도록 만들기도 한다. 당신은 대화를 나눌 때마다 이 질문을 할 수 있다. 그리고 이 질문은 언제 들어도 질리지 않는다. 그저 단순하고 진지하게 물으라. "제가 당신을 위해 무엇을 기도해 드릴까요?" 당신은 그 결과에 놀랄 것이다.

82
단순한 틀로 복음을 전할 준비를 하라

——

많은 그리스도인은 전도 훈련을 정식으로 받지 않으면 적절하게 복음을 나눌 수 없다고 생각한다. 나도 전도 훈련을 찬성한다. 하지만 당신이 누군가에게 예수님을 말할 수 있고, 어떻게 예수님을 알게 되었는지 자신만의 증언을 할 수 있기 전까지는 훈련은 필요없다.

요한복음 9장에서 우리는 날 때부터 맹인 된 어느 사람의 이야기를 본다. 그는 회심한 지 한 시간도 안 되어 종교학 박사들(바리새인)에게 예수님을 증언한다. 분명히 그는 전도 훈련을 전혀 받지 않았다. 하지만 그는 예수님을, 그리고 자신의 회심을 이야기할 수 있었다. 마틴 로이드 존스가 줄곧 이야기했듯이, 그리스도인이 구원을 받고 설교 중에 셀 수 없이 복음을 들었어도 여전히 엄청난 훈련 없이는 전도할 수 없다고 믿는다면 그는 매우 나쁜 설교를 들었거나 굉장히 잘 듣지 못하는 사람이다.

하지만 복음을 전할 때 무슨 말을 해야 하는지, 그리고 어떤 성

경 말씀을 기억해야 하는지 개략적인 틀을 가지고 있다면 그 자신
감을 증폭시킬 수 있다. 몇 년 전 나는 생각을 이어갈 수 있는 틀을
하나 만들었다. 또 항목마다 적어도 두 개의 핵심 구절을 생각했다.
그렇다고 모든 상황에 기계적으로 이 틀을 따르지는 않는다. 왜냐
하면 복음을 전하는 상황은 다 다르기 때문이다. 그리고 때로는 짧
게 압축하기도 한다. 하지만 복음을 온전하게 제시할 수 있도록 내
입술을 준비하는 것만으로도 방향 감각이 생기고 준비되었다는 느
낌을 받는다. 당신도 전도하기 위해 이 틀을 마음대로 변용해서 사
용할 수 있다.

① 한 분 하나님이 존재하십니다. 그분은 창조주이시며, 거룩하시고,
우리가 알아야만 하는 분입니다(신명기 4:39, 이사야 46:9, 창세기 1:1, 베드
로전서 1:16 참고). 이 놀라우신 하나님은 우리가 추구할 가치가 있으신
분입니다!
② 모든 사람은 하나님과 분리된 죄인입니다(로마서 3:23, 이사야 59:2
참고). 우리는 하나님에 비해 자신이 얼마나 부정한지 전혀 알지 못합
니다.
③ 죄에는 형벌이 있습니다(로마서 6:23, 히브리서 9:27, 로마서 14:10, 마태
복음 25:46 참고). 그 형벌은 심판과 지옥입니다.
④ 예수님은 모든 믿는 자가 받을 형벌을 받으셨습니다(로마서 5:8, 베
드로전서 3:18 참고). 예수님이 하나님의 심판을 받으심으로 믿는 자들이
자비를 누리게 하셨습니다.

⑤ 아무도 자신의 힘으로 하나님의 용서와 은혜를 입을 수 없습니다(에베소서 2:8-9, 디도서 3:5 참고). 우리는 우리의 공로가 아닌 예수님의 공로를 믿음으로 구원받습니다.

⑥ 우리는 회개와 믿음으로 반응해야 합니다(마가복음 1:15, 요한복음 3:16 참고). 우리는 반드시 죄에서 돌아서서 용서하시는 예수님을 의지해야 합니다.

⑦ 우리에게는 하나님과 함께 누릴 영원한 생명의 보증이 있습니다(요한일서 5:13 참고). 예수님의 부활과 하나님의 말씀은 믿는 자에게 용서를 보장합니다.

이 성경의 위대한 메시지에 대한 반응

- 당신을 창조하시고 당신을 소유한 하나님을 위한 삶이 바른 삶입니다. 하지만 그뿐 아니라 당신이 만들어진 목적을 달성할 때만 당신은 최고의 성취감을 누릴 수 있습니다. 그 목적은 하나님을 알고 하나님을 위해 사는 것입니다.

- 당신은 이 성경의 위대한 메시지를 믿습니까? 성경의 진리를 참으로 믿는다는 것은 자신을 위해 살던 삶에서 돌아서고, 예수 그리스도의 죽음과 부활이 당신을 하나님 앞에 의로운 자로 서게 함을 믿는 것으로 입증됩니다.

- 지금 하나님께 기도하며 회개하고 믿음을 고백하겠습니까?

83
효율적으로 섬기라
—

자기자신 안에 살아 계신 "그리스도의 영"(롬 8:9)을 소유한 사람은 교회를 사랑하고 교회를 통해 하나님을 섬기고자 한다. 그런데 대부분의 하나님의 종은 섬겨야 한다는 이 의무감이 분주하고 스트레스를 받는 삶의 한계 안에서 표현될 수밖에 없다고 생각한다. 교회 안에서 하나님을 섬기기 위해 낼 수 있는 시간이 하나님을 섬기려는 갈망에 전혀 미치지 못하는 것처럼 여겨지기 때문이다.

하나님을 섬기는 일을 우선순위로 삼기 위해서라면 어떠한 희생이라도 치를 가치가 있다. 하지만 우리는 시간의 제약 때문에 지역 교회를 어떻게 그리고 어느 부분에서 섬겨야 할지 선택하도록 요구받는다. 따라서 영적 생활을 단순화하는 작업에는 우리가 현재 섬기는 방식이 가장 효율적인 방식인지 평가하는 일도 포함되어야 한다.

효율적으로 섬기는 한 가지 방법은 당신의 영적 은사를 사용할 수 있는 사역을 하는 것이다. 하나님의 영은 믿는 자 안에 거하실 때 영적 은사를 주시는데, 이는 "그의 뜻대로 각 사람에게 나누어 주시는 것"(고전 12:11)이다. 이 은사는 하나님이 그리스도의 몸 안에 특정한 사역을 위해 창조하신 소원과 능력이다(이러한 은사 목록은 로마서 12:6-8, 고린도전서 12:4-11, 28-30, 에베소서 4:7-13에서 찾아볼 수 있다). 은사가 있는 영역에서 사역을 해야 가장 만족스럽고, 결실이 있고, 열정적인 섬김이 가능하다.

당신의 현재 활동(또는 비활동)을 당신이 받은 영적 은사에 비추어 새롭게 평가하라. 그리고 교회에서 당신이 할 수 있는 모든 사역의 기회를 생각해보라. 또 당신이 시작할 수 있는 새로운 사역도 생각해보라(다음 장을 참고). 당신이 어떤 은사를 지니고 있는지 확신하지 못한다면, 소원과 능력이 가장 잘 맞는다고 생각되는 분야에 사역 시간 대부분을 집중적으로 할애하라. 신학자 J. I. 패커는 이렇게 말한다. "모든 시대의 교회 생활에서 가장 중요한 은사는 보통의 자연적인 능력이 성화된 것이다."[3]

이는 사역 효율성을 극대화할 수 있는 두 번째 방식으로 인도한다. 교회의 지체가 아파하는 곳에서 섬기라. 물론 도움을 구하는 외침이 있어도 몇몇 교회 사역은 쇠퇴할 것이고, 심지어 사라지도록 내버려둬야 할 때도 있다. 하지만 종종 교회 내에서 가장 중요한 사역조차 일꾼이 부족하여 불필요한 어려움을 당할 때가 있다. 필요가 존재한다는 사실만으로 하나님께서 당신을 부르셔서 그 필요를 채우라고 하셨다는 뜻은 아니다. 하지만 때로 그리스도의 지역 교회가 겪는 아픔은 그 구성원들이 자기를 돌보지 않고 그리스도의 나라와 하나님의 영광을 위해 섬기겠다는 의지가 없음을 반영하는 것, 그 이상도 이하도 아닐 때가 있다.

물론 하나님은 우리의 섬김을 필요로 하는 분이 아니다. 하나님이 원하시기만 하면 하나님은 우리가 없어도 그분이 기뻐하시는 모든 일을 이루실 것이다. 오히려 주님의 교회에서 그분을 섬기는 일은 우리에게 큰 특권이다. 우리의 섬김으로 나타나는 모든 영광은 그분의 것이다. 또 심지어 섬기려는 소원과 그렇게 할 수 있는 능력도 그분에게서 나온 것이다. 왜냐하면 "너희 안에서 행하시는 이는 하나님이시니 자기의 기쁘신 뜻을 위하여 너희에게 소원을 두고 행하게"(빌 2:13) 하시기 때문이다. "만일 누가 말하려면 하나님의 말씀을 하는 것 같이 하고 누가 봉사하려면 하나님이 공급하시는 힘으로 하는 것 같이 하라 이는 범사에 예수 그리스도로 말미암아 하나님이 영광을 받으시게 하려 함이니 그에게 영광과 권능이 세세에 무궁하도록 있느니라"(벧전 4:11).

"기쁨으로 여호와를 섬기[되]"(시 100:2), 효율적으로 섬기라.

84
사역을 개발하라

—

로슨 부부는 한 주 내내 열심히 일한다. 남편인 마이클이 하는 일은 보통 한 주에 사십 시간 이상을 쏟아부어야 하는 일이다. 아내인 수잔은 그렇게 바쁜 삶을 상상조차 하지 못했다. 그렇다고 이 부부의 자녀들이 많은 활동에 참여하는 것도 아니다. 학교 그리고 스포츠와 음악 활동이 전부이다. 하지만 부부가 이를 다 챙기기 위해서는 거의 매일 오후 및 저녁 시간에 가족용 승합차로 몇 킬로미터씩 여러 번 다녀야 한다. 그리고 로슨 부부는 남는 시간 대부분을 겨우 "생명 유지"를 위한 일에 사용한다. 집안일, 장보기, 공과금 납부, 정원 가꾸기, 필요한 볼일 보기 등등이다. 이 부부는 거의 항상 자신들이 뒤처졌거나 쩔쩔매고 있다고 느낀다.

그렇지만 그리스도의 영이 내주하는 모든 이가 그렇듯이 그들은 그리스도께서 사랑하시는 대상을 사랑한다. 바로 교회다. 이 부부는 진심으로 교회 안에서 교회를 통해 주님을 섬기기 원한다. 그들은 성경에 근거한 삶의 우선순위를 잘 분별해 낸다. 하지만 종종 너무나 많은 우선순위 때문에 힘에 부친다. 이 부부는 교회에서 그저 종교 소비자로 머물고 싶지 않다. 오히려 하나님께 영광을 돌리고, 교회를 굳건하게 하며, 자녀들에게 본이 되고, 자신들의 덕을 세우는 사역과 일을 하기 원한다. 하지만 현재 여러 가지 많은 일을 처리해야 하고, 교회 사역을 위해서는 선택의 여지가 별로 없다면 이 부부는 어떻게 해야 하는가?

이런 상황에 있는 사람 중 일부는 그들의 목사와 이야기를 나눔으로써 문제의 해결책을 찾을 수 있다. 목사는 아마도 많은 교회 구성원이 보지 못하는 섬김의 기회를 알고 있을 것이다. 게다가 목사는 분명히 일할 사람만 있다면 교회가 시작할 수 있는 사역도 생각하고 있다.

또 단순하면서도 창조적인 해결책이 있다. 바로 사역을 만들어 내는 것이다. 아마도 주님은 현재 상황을 그렇게 허용하셔서 로슨 부부 또는 이들과 같은 사람들이 새로운 방향을 바라보며, 필요가 있어도 예전에는 생각하지 못한 사역을 시작하도록 하시는 것인지도 모른다. 이는 사도행전 6장 1-7절에서 발생한 일과 유사하다. 즉 어떤 상황이 생겨 교회 지도자들로 하여금 커지는 요구를 충족시키도록 사역을 만들어 내게 한 것이다.

대부분 교회가 현재 하고 있는 사역에 일할 사람을 필요로 한다. 하지만 그 사역 어디에도 잘 맞지 않는다면 이는 새로운 사역을 시작하도록 하나님이 자극하시는 것일 수 있다. 그렇다고 반드시 공식적으로 공인된 사역일 필요는 없다. 앞을 보지 못하거나, 몸이 약하거나, 차가 없는 사람을 교회로 데리고 오는 일처럼 단순할 수 있다. 아니면 그저 조금 더 일찍 교회에 와서 도움이 필요한 곳에 함께 있는 일일 수도 있다.

새로운 사역을 개발해야겠다는 생각이 떠오른다면 주님께 다음두 질문에 응답해달라고 구하라. "교회에서 가장 필요로 하는 일이무엇입니까?" 또 "선교를 위해 교회에 가장 필요한 일이 무엇입니까?" 당신의 기억과 당신이 본 것, 그리고 다른 사람의 이야기를 잘조합해본다면 주님께서 당신을 인도하시리라 확신한다.

성경은 말한다. "우리가 선을 행하되 낙심하지 말지니"(갈 6:9). 왜성경에 이 말씀이 있는가? 우리가 선한 일을 하면서 낙심할 이유가정말 많기 때문이다. 예수님처럼 우리도, 교회와 교회 일이 아무리바쁘고 힘들더라도 절대 포기하지 말자. 하나님이 당신에게 주신은사와 기술과 자원 그리고 열망이 있다면, 상상력을 발휘하여 교회에서 활용할 새로운 사역을 꿈꾸라. 이는 당신의 영적 생활의 공적인 부분을 단순화할 것이다.

85
사교 행위가 아닌 참된 교제를 추구하라
———

그녀가 말했다. "우리 교회는 교제가 참 좋아."

나는 답했다. "참 좋은 일이군요. 그런데 왜 그렇게 생각하시나요?"

"예배를 마치면 많은 사람이 계속 남아서 얘기를 하기 때문이죠."

글쎄, 예배 후에 사람들 사이에 일어나는 일이 교제일 수 있지만 그저 사교 행위일 수도 있다. 사교 행위(뉴스, 날씨, 일, 그 외 여러 문제를 이야기하는 것) 역시 삶에서 필요한 부분이다. 하지만 사교 행위는 교제와 같지 않다. 믿지 않는 자들도 사교 행위를 하지만 그리스도인만 참된 교제를 나눌 수 있다. 하지만 우리는 너무나도 자주, 세련됐지만 영적으로는 공허한 사교 행위라는 간식거리나 먹으면서 풍성한 교제라는 잔치를 누린다고 착각한다.

가장 간단히 말하자면 교제란 성령님이 내주하시는 두 사람 이상이 하나님과 하나님의 일에 대해 이야기하는 것이다. 생각해보라. 당신이 마지막으로 믿는 사람과 대화를 나누고 영적으로 고무된 적이 언제인가? 사도행전에 나오는 그리스도인은 서로 교제하는 일에 전념했다. 따라서 사도들이 전하고 가르치는 말을 들은 직후, 첫 교회가 행한 첫 활동을 설명할 때 교제가 가장 먼저 등장한다(행 2:42 참고).

주님이 우리에게 행하시는 사역에서 가장 중요한 부분은 그분이 내주하시는 다른 이를 통해 임한다. 그리고 주님은 우리가 교제를 통해 위로하고, 격려하며, 가르치고, 책망하고, 인도하며, 지지하는 사역을 경험하기를 뜻하신다. 하지만 우리가 형제자매뿐 아니라 세속적인 사람조차 논할 수 있고 이해할 수 있는 이야기만 한다면 우리는 스스로를 하늘로부터 임하는 만지심에서 끊어내는 것이다.

뜻을 정하지 않으면 교제는 거의 일어나지 않는다. 특별히 교제와 사교 행위의 차이점을 인식하지 못하는 사람들 사이에서는 더 그러하다. 다른 그리스도인과 사교 행위를 누리라, 하지만 중요한 일을 더 많이 이야기하라. 그리고 그 일이 정말 중요한 것처럼 대화하라.

86
코이노니아를 일구라

—

신약에서 교제(행 2:42)라는 단어는 그리스어 코이노니아^{koinonia}를 옮긴 단어이다. 이 단어의 어원은 가까운 관계에 있는 둘 이상의 사람을 묘사하거나, 결혼이나 사업과 같이 무언가를 공유하는 사람을 나타낸다. 그리스도인의 코이노니아는 예수 그리스도를 통해 하나님을 아는 모든 사람 사이에 존재한다(요일 1:3 참고). 그리스도와 믿음으로 연합한 모든 사람은, 그리스도와 연합한 다른 모든 이와 연합하기 때문이다. 같은 성령님이 모든 믿는 자 안에 거하시고 그리스도의 몸 안에 속하게 하셨다. 바울은 이렇게 말한다. "우리가…다한 성령으로 세례를 받아 한 몸이 되었고 또 다 한 성령을 마시게 하셨느니라"(고전 12:13).

각자에게 있는 성령님의 임재로 인해 그리스도인의 관계는, 믿지 않는 자들이 경험할 수 없는 초자연적인 차원과 영적인 역동성으로 풍요롭다. 예를 들어 주님은 성령님이 내주하시는 사람들의 말을 통해 우리를 축복하신다. 성령이 없는 사람을 통해서 이렇게 일하시는 경우는 드물다. 이러한 코이노니아의 축복을 경험하는 가장 쉽고 직접적인 방법은 하나님의 일들을 다른 신자와 그냥 이야기하는 것이다. 여기에는 하나님을 아는 일, 그리스도인의 삶, 성경이해, 그리고 직장이나 가정 또는 문화에 성경을 적용하는 일, 기도, 신학, 교회, 전도와 관련된 모든 내용이 해당한다.

이러한 교제가 그리스도를 아는 사람에게는 정상적인 일이어야 하지만, 가꾸지 않으면 다른 일들에 관해 나누는 잡초 같은 말 때문에 코이노니아는 말라버리고 만다. 많은 그리스도인이 믿지 않는 자들을 대할 때처럼 다른 믿는 자와도 영적인 일에 관한 이야기를 시작하기를 꺼려하는 것처럼 보인다. 우리는 믿지 않는 자들을 대하듯이 생각한다. '그들은 지금 하나님을 이야기하고 싶어 하지 않아. 그게 아니더라도 내가 이상하다고 생각하거나 굉장히 영적인 사람으로 보이려고 애쓴다고 생각할 거야.' 따라서 우리는 한숨을 쉬고 다른 이야기를 한다. 비록 우리 마음으로는 그리스도인 형제자매와 더 만족스러운 소통을 갈구하지만 말이다.

코이노니아를 가꾸는 한 가지 간단한 방법이 있다. 대화를 보다 영적인 방향으로 바꿀 수 있게 고안된 질문을 던지는 것이다. 여기 그러한 효과를 발휘할 질문 목록이 있다.

① 당신의 사역(가르치는 일, 손 대접하는 일, 선교하는 일, 집사로서 하는 일, 그 외 무엇이든)은 어떻게 진행되고 있나요? 그 사역에서 가장 즐거운 일

은 무엇인가요?

② 최근에 직장에서 일하는 도중에 어디에서 주님을 보셨나요?

③ 근래에 주님이 어떤 가르침을 주셨나요?

④ 최근에 복음을 전할 기회가 있었나요?

⑤ 근래에 분명한 기도 응답을 받으셨나요?

⑥ 무엇을 읽고 계신가요? 어떤 점이 인상 깊으셨나요?

⑦ 최근에 성경 어느 부분을 읽고 있으신가요? 당신에게 어떤 영향이 있었나요?

⑧ 제가 당신을 위하여 어떻게 기도해 드릴까요?

⑨ 현재 당신의 삶에서 성장하는 지점은 무엇인가요?

⑩ 현재 어떤 일에 열정을 갖고 계신가요?

이 질문을 기록하여 목록을 수첩이나 지갑에 붙이거나, 전자 장비로 이용하여 바로 열람할 수 있도록 파일에 담아두라. 당신 자신만의 질문을 만들어보는 것도 좋다. 하지만 다른 누군가가 코이노니아를 시작할 때까지 기다리지 말라. 언제나 코이노니아를 일굴 수 있도록 준비하라.

87

교회 안에서 코이노니아를 일구라

우리는 다른 믿는 자를 만나면 언제 어디서든 코이노니아(즉 교제, 믿는 자들이 하나님의 일에 관해 만족스러운 대화를 나누는 일)를 일구어야 한다. 하지만 지역 교회야말로 교제를 추구할 주된 장소이다. 코이노니아가 교회 건물 벽 안으로 제한되어야 한다는 말은 아니다. 다만 당신의 지역 교회 식구들이야말로, 당신의 영혼이 코이노니아를 가장 자주 그리고 가장 풍성히 즐길 곳으로 하나님이 고안하신 관계의 장이라는 뜻이다. 사도행전 2장 42절은 신약 교회가 형성되는 시기에 교제(그리스어 단어 코이노니아를 번역한 말)가 교회의 가장 두드러진 네 가지 특징 중 하나였다고 말한다. 그들과 같이 우리도 반드시 교회에서 코이노니아를 최우선순위로 만들도록 노력해야 한다.

몇몇 교회는 내가 "앉아서 듣는"이라고 칭하는 모임, 즉 한 사람만 말하고 다른 사람은 듣기만 하는 그러한 모임을 더 많이 할 필요가 전혀 없다. 물론 오늘날 교회의 가장 큰 필요는 여전히 "앉아서 들는" 모임과 관련이 있다. 교회는 좋은 친교를 필요로 하는 것보다 하나님의 영으로 충만해서 하나님의 말씀을 설교하는 하나님의 사람을 훨씬 더 필요로 한다. 사실 사도행전 2장 42절에서 우선순위는 교제가 아닌 말씀 선포에 있다. 하지만 성경의 권위가 필시 제대로 회복된 몇몇 교회에서는 코이노니아를 무시해 버릴 정도로 지나친 수정이 있다. 목회자와 평신도 모두 어떻게 교회 사역을 구성할지, 그리고 어떻게 진정한 친교가 일어나도록 교회 모임을 진행할지에 대해 유효한 방안을 생각해야 한다.

예를 들어 목회자는 교회 모임 일부(대부분 주일 아침 예배는 아닐 것이다)를 사람들이 최근 선포된 설교 또는 기타 영적인 문제에 관해서 질문하는 장으로 바꿀 수 있다. 어쩌면 교회에 정기적으로 있는 모임 시간에, 누구나 기도 요청이나 간증을 하거나 또는 교회에 유익이 되는 어떤 이야기도 나눌 수 있는 시간을 마련할 수도 있다. 나는 목회자가 매달 한 가정 또는 그 이상의 가정이 함께 모여(종종 주일 밤 시간에) 최근 설교와 성경, 그리스도인의 삶 또는 읽은 책에 관해서 질문하고 이야기하는 시간을 진행하고 있는 교회들을 여럿 알고 있다. 물론 더 큰 교회의 지도자라면 이러한 방식을 수정해야 할 것이다. 어쨌든 교회 구성원 대부분이 교회 밖에서는 다른 이를 볼 수 없는 상황 하에서 이러한 방식의 모든 코이노니아는 점점 더 중요해질 것이다.

교회 구성원이여, 교회에 당신의 영향력이 미치는 범위 내에서 코이노니아를 일구는 일을 시작하라. 교회에 참된 교제를 위한 모임이 따로 없더라도 당신이 성경 공부, 소그룹, 위원회 등의 사역에서 지도자의 위치에 있다면 이를 활용하여 거기에서 코이노니아를 일굴 수 있다. 코이노니아가 잘 이뤄질수록 교회는 더 좋아진다. 주님께서 정한 방식으로 교회가 기능할 수 있도록 당신이 담당한 책임을 다하라.

88
얼굴을 맞대는 교제 1부

—

나는 오늘 이메일을 수십 통이나 보내고 읽었다. 내가 사는 이 도시, 이 나라에 있는 사람들과는 물론이고, 웨일즈에 있는 어떤 목사의 소식도 들었으며 캐나다에 있는 친구와도 이메일을 몇 통 교환했다. 그리고 온라인 경매를 통해 독일에 있는 한 여성의 구식 만년필을 한 자루 사기도 했다. 이러한 일들을 이렇게 쉽게 즐길 수 있다니 얼마나 큰 축복인가! 하지만 종일 컴퓨터에 몰두한 나머지 한 번도 다른 사람과 얼굴을 맞대고 말을 나누지는 못했다. 왜 더 많이, 더 빨리 무언가를 이루는 것 같은데 사람들과 더 멀어지는 느낌이 들까?

기술이 효율성과 편리함을 제공하면서, 전자 장비를 통해 이야기를 나누고 무언가를 사고파는 일은 많아졌고 직접 대면하여 하는 경우는 줄어들었다. 하지만 얼굴을 맞대고 나누는 의미 있는 관계를 지속해야만, 특별히 동료 그리스도인들과 그렇게 해야만 전자 장비를 통한 관계도 건전하고 건강해진다. 하지만 주로 유리창이나,

텔레비전 또는 모니터처럼 기술이 제공하는 스크린을 통해서 사람들과 소통하다 보면 우리가 맺는 관계는 소원하고 피상적이고 인위적으로 여겨지게 된다.

기술 수준이 낮았던 1세기부터 이 시대까지, 성경 말씀은 시간을 초월하여 직접 적용된다. 사도 요한이 얼굴을 맞대는 교제가 글로 나누는 소통보다 어떻게 우월하다고 인정했는지 보라. "내가 네게 쓸 것이 많으나 먹과 붓으로 쓰기를 원하지 아니하고 속히 보기를 바라노니 또한 우리가 대면하여 말하리라"(요삼 13-14). 요한은 글을 썼고 그 가치도 분명히 인정했다. 하지만 그리스도인이 친밀한 교제를 나누며 소통하는 일을 대체한다고 보지 않았다.

유진 피터슨도 비슷하게 말한다. "우리는 말을 두 무더기로 나눌 수 있다. 하나는 의사 전달을 위한 말이고 하나는 친교를 위한 말이다. 친교를 위한 말이란 이야기를 전하고, 사랑하고, 친밀감을 생성하고, 신뢰를 증진하는 말이다. 이에 비해 의사 전달을 위한 말이란 주식을 사고, 콜리플라워를 팔고, 교통을 정리하고, 대수학을 가르칠 때 사용하는 말이다."⁴⁾ 이 두 무더기의 말은 모두 필요하지만, 친교를 위한 말 즉 그리스도인의 교제를 증진하는 말은 얼굴을 맞대고 할 때 가장 잘 전달된다. 의사 전달 방식이 폭발적으로 증가한다고 해서 당신이 다른 믿는 자들과 개인적으로 나누는 친교를 막도록 방치하지 말라. 소통 방식이 친교를 감소시키는 정도까지 되면 우리는 분명히 기독교의 핵심 중의 일부를 잃는 것이다.

89
얼굴을 맞대는 교제 2부
—

21세기가 시작한 후에도 한참 동안, 관계는 보통 가까운 거리 안에서 존재했다. 아마도 집에서 걸을 수 있는 거리 정도였다. 친구, 가족, 교회 구성원, 상인 등 다른 사람과 접촉하는 일은 보통 얼굴을 맞대는 경험이었으며 안정된 공동체 내에서만 발생했다. 하지만 오늘날 우리가 하는 일 대부분(친구 및 가족과의 소통, 은행 업무, 쇼핑, 자동차 연료 주입, 공과금 납부 등)은 전혀 가까운 거리 안에서 일어나지 않는다. 또 이동성이 좋아지면서 우리는 직장 및 교회에서 보는 사람들과 굉장히 먼 곳에서 살아가고 다른 시간과 장소에서는 그들을 전혀 만나지 못한다. 우리는 이러한 현상이 관계에 아무런 영향도 미치지 못하는 척하고 있을 수 없다. 그리스도인이 나누는 교제도 마찬가지다.

그렇다면 우리는 무엇을 할 수 있는가? 첫째, 무슨 일이 벌어지고 있는지를 파악해야 한다. 우리는 이 시대에 많은 유익을 누리는 동시에 특별한 도전에 직면해 있다. 즉 실제 사람과의 일상적인 접촉이 줄어드는 세상에 적응하는 법을 배우는 일이다. 기술은 멀리 떨어진 친구와 가족이 당신과 조금 더 가깝게 지내도록 인도할 수는 있다. 하지만 아주 가깝게 지내도록 이끌지는 못한다. 우리는 그들이 하는 말을 읽고 들을 수 있다. 하지만 손을 잡고 흔들거나 뺨에 입을 맞추거나 옆에 앉아서 말할 수는 없다. 기술 덕에 모르는 사람과 빈번하게 접촉하지만 오히려 가까운 사람과는 멀어진다.

기술은 사람을 분리시키는 경향이 있다. 게다가 도시 개발과 이로 인한 교통 체증 때문에 운전 시간이 늘어나고 스트레스가 커지면서 관계가 약해진다. 일단 차고 문이 닫히고 집이라는 성 안에 들어가면, 다른 신자들과 모이기 위해 몇 킬로미터를 또 운전해서 가야 한다는 생각만으로도 지치는 느낌이다.

둘째, 우리를 떼어 놓으려는 이 사회의 원심력에 저항하라. 얼굴을 맞대고 나누는 교제를 희생하고 컴퓨터에 앉아 전자 장비로 대화하도록 만드는 유혹을 주의하라. 우리는 텔레비전에서 그저 관계를 바라보고 사람을 "알아가는" 일에 만족하지 말아야 한다. 가장 가까운 이웃이나 교회 식구 아무라도 직접 보고 아는 일에서 만족을 찾아야 한다.

셋째, 그렇게 저항하려면 그리스도인은 얼굴을 맞대며 교제를 나누기 위해 의도적으로 더욱 노력해야 한다는 사실을 이해하라. 앉아서 듣기만 하는 모습을 넘어서 교회 생활이 지니는 여러 측면에 참여하라. 교회 행사가 마친 후에 쏜살같이 나가버리지 말라. 그곳에 머물러서 사람들과 이야기를 나누라. 특별히 하나님의 일을 나누라. 가능할 때마다 다른 교회 구성원들과 함께 식사하라. 교회 사람을 매월 또는 격월로 집에 초대할 방법을 모색하라.

히브리서 10장 25절은 믿는 자들과 함께 모이는 일에 단순성을 유지하도록 우리를 일깨운다. 하나님이 영감하신 이 변함없는 말씀을 보라. "모이기를 폐하는 어떤 사람들의 습관과 같이 하지 말고." 이 편지의 원래의 수신자와 마찬가지로 우리도 이러한 근본적인 권면이 필요하다. 이 말씀을 처음으로 받은 사람들은 믿는 자들끼리 모이는 일을 포기하라는 유혹을 받고 있었다. 바로 박해라는 압박이었다. 하지만 오늘날은 기술, 거리, 삶의 속도 등으로 사람이 고립된다. 그럼에도 다른 그리스도인과 얼굴을 맞대고 만나야 할 필요는 여전하다. 그리고 그러한 모임들이 하나님께 영광을 돌리는 목적을 지니고 있다는 사실도 시대나 문화에 따라 바뀌지 않았다.

90
전자 장비에 의지한 영성을 최소화하라 2부
—

나는 "온라인 교회"라고 자칭하는 한 웹사이트를 찾았다. 이 사이트는 "지역 교회와 똑같이" 예배하며 교제할 기회를 제공한다고 주장했다. 그러한 "교회"는 오늘날의 트렌드에 완벽하게 부합한다. 왜냐하면 미국 인구통계 자료에 따르면 "십 대의 약 16퍼센트가 앞으로 오 년 내에 교회 경험을 온라인으로 대신할 것이기 때문이다. 이미 비그리스도인의 10퍼센트, 그리고 그리스도인의 14퍼센트가 인터넷 영성net spirituality을 선택했다."[5]

전자 영성electronic spirituality이란 영혼을 위한 목적으로 컴퓨터나 인터넷 같은 자원을 사용하는 행태를 말한다. 어떤 그리스도인은 주로 개인의 경건 생활을 함양하고 영성을 개발하기 위해 전자 장비를 사용한다. 반면에 어떤 이는 다른 그리스도인과 연결되는, 사람과 사람 사이의 영성을 개발하기 위해 그렇게 한다. 1부에서 나는 전자를 다루었다. 여기에서는 후자에 대한 나의 우려, 특별히 믿는 자들이 온라인으로 교제하고 예배하며 공동체로서 영적 훈련을 수행하려는 시도에 대한 우려를 표명하고자 한다.

우선 온라인 예배를 생각해보자. 물론 예배 자리에 참석할 수 없는 사람이 이렇게라도 해서 교회 예배를 눈으로 볼 수 있다는 사실은 축복일지 모른다. 하지만 예배를 화면으로 보는 것은 다른 예배자들과 함께하는 경험을 절대로 대체할 수 없다. 온라인 예배는 예배 관망자를 만들어 낼 뿐, 예배 참여자를 만들어 내지는 못한다. 성경이 말하는 예배의 정신은 "우리 같이 예배를 관전하자"가 아닌 "사람이 내게 말하기를 여호와의 집에 올라가자 할 때에 내가 기뻐하였도다"와 "나와 함께 여호와를 광대하시다 하며 **함께 그의 이름을 높이세**"(시 122:1, 34:3)이다.

온라인으로 예배를 보면서 실제로도 예배하는 소수가 있을지 모르겠다. 하지만 여전히 자리에 참석한 자들만 누릴 수 있는 영적인 경험에서 배제된다는 사실은 여전하다. 서로를 컴퓨터 모니터로 바라보면서 온라인으로 결혼한 부부와 마찬가지로, 다른 사람의 존재가 없는 회중 예배는 동일한 경험이 아니다. 게다가 예배 또는 설교 중 보다 느슨한 부분에서는 다른 일을 하고 싶은 유혹을 느끼기도 한다. 헌금 시간에 이메일을 확인하는 등, 실제 예배 모임에 몰입한 사람에게는 절대 일어나지 않을 방식으로 온라인 참관자들의 집중은 흐트러진다.

그리스도인이 나누는 교제의 축복은 디지털화할 수 없다. 인터넷을 통해 다른 그리스도인과 나누는 일종의 교제에서 유익을 누릴 수 있을지 모르지만, 현실과 괴리된 말을 나누는 일은 반쪽 짜리 교제밖에 될 수 없다. 나는 전 세계의 동료들과 이렇게 쉽게 관계를 유지하도록 기술을 주신 하나님께 감사한다. 하지만 내가 필요로 하는 그리스도인과의 접촉은 이것이 전부가 아니다. 전자 장비에만 의지한 채 몸으로 직접 체험하지 않는 교제는 참 교제가 아니다.

사도 요한은 하나님의 영감으로 이렇게 말했다. "우리는 형제를 사랑함으로 사망에서 옮겨 생명으로 들어간 줄을 알거니와"(요일 3:14). 다른 말로 하자면 우리가 구원받았다는 확신을 얻는 한 가지 방법은 그리스도인 형제자매를 사랑하는 강도를 측정하는 것이다. 다른 진짜 사랑과 마찬가지로 이 사랑은 아무리 많은 이메일을 주고받아도 디지털 방식의 교류만으로는 만족할 수 없다. 그리스도인의 교제에는 다운로드할 수 없는 측면이 존재하기 때문이다.

토론 길잡이

이 길잡이를 사용하여 본서를 소그룹에서 공부하는 여러 방법이 있다. 그룹 모임 시간마다 이 책의 여덟 개의 부분(1부에서 8부) 중 한 부분을 공부할 수 있다. 아니면 그중에서 긴 부분은 두 번에 걸쳐 공부하는 방법도 있다. 즉 1차적 원칙들(1부), 진리(2부), 시간(7부), 다른 이들(8부)에 관한 부분을 두 번에 걸쳐 공부함으로써 총 열두 번의 공부로 만드는 것이다. 세 번째 접근법은 각 시간마다 원하는 장을 선택하여 자신의 속도에 맞춰 토론하는 방식이다. 어느 경우든 각 시간마다 다음 질문을 각각 사용할 수 있을 것이다.

- 이 장에서 가장 유용하다고 생각한 내용은?
- 이 장은 어떤 질문을 제기하였나?
- 이 장의 내용 중 동의하지 못하는 내용은 무엇인가?
- 이 장의 어떤 내용이 당신의 영적 생활을 단순화했는가?
- 우리의 공동체 영성에 이 장이 의미하는 바는 무엇인가?
- 이 장에서 반드시 다루었어야 하는데 다뤄지지 않은 내용은 무엇인가?

- 당신이 보기에 이 장의 어떤 내용들 사이에 연결 고리나 상호 관계가 언급되지 않은 것이 있는가?
- 이 일을 실천하면 어떻게 하나님께 영광을 돌릴 수 있을 것인가? 우리를 그리스도와 더욱 닮아지게 할 것인가?
- 여기에서 제안한 내용 중 가족, 직장, 또는 교회 등의 상황에 적용할 수 있는 것은 무엇인가?
- 이 장에서 당신을 놀라게 한 것은 무엇인가?

미주

1부 단순화와 1차적 원칙들

1 H. Norman Wright, *Simplify Your Life* (Wheaton, Ill.: Tyndale, 1998), p. 181.

2 Jean Fleming, *Between Walden and the Whirlwind* (Colorado Springs, Colo.: NavPress, 1985), p. 23.

3 Martin Luther, *Luther's Works*, vol. 31, Jaroslav Jan Pelikan, Hilton C. Oswald and Helmut T. Lehmann, eds. (Philadelphia: Fortress Press, 1999), CD-ROM edition.

4 이를 더 알아보려면 John Owen, "The Grace and Duty of Being Spiritually Minded," *The Works of John Owen*, vol. 7 (1850 – 53; reprint, Edinburgh: The Banner of Truth Trust, 1965), pp. 262-497 참고.

5 개인의 영성훈련에 대해서 더 알아보려면 Donald S. Whitney, *Spiritual Disciplines for the Christian Life* (Colorado Springs, Colo.: NavPress, 1996) 참고, 그리고 다른 이와 함께하는 영성훈련을 더 알아보려면 *Spiritual Disciplines Within the Church* (Chicago: Moody, 1996) 참고.

6 Richard A. Swenson, *Margin* (Colorado Springs, Colo.: NavPress, 1992, 1995), p. 30.

7 Richard A. Swenson, *The Overload Syndrome* (Colorado Springs, Colo.: NavPress, 1998), pp. 43-44.

8 *Margin*, p. 30.

9 *The Overload Syndrome*, p. 44.

10 *Margin*, p. 34.

11 *Margin*, p. 35.

12 *Margin*에서 인용 p. 37.

2부 단순화와 진리

1 Donald S. Whitney, *Spiritual Disciplines for the Christian Life* (Colorado Springs, Colo.: NavPress, 1991)에서 2장과 3장 참조. 이 책에서 "묵상하고 적용하라", "빌립보서 4장 8절 질문을 던지라" 그리고 "조세프 홀의 질문을 던지라" 참고.

2 U. Milo Kaufman, *The Pilgrim's Progress and Traditions in Puritan Meditation* (New Haven and London: Yale University Press, 1966), p. 123.

3 Thomas Wilson, *Rule of Reason*, London, 1553.

3부 단순화와 기도

1 Roger Steer, comp., *Spiritual Secrets of George Müller* (Wheaton, Ill.: Harold Shaw, 1985), pp. 61–62.

2 Arthur Bennett, ed., *The Valley of Vision: A Collection of Puritan Prayers and Devotions* (Edinburgh: The Banner of Truth Trust, 1975).

3 Bennett, p. 42.

4 Bennett, p. ix.

5 Joseph Hall, The Art of Divine Meditation, in *The Fifty Greatest Christian Classics*, vol. 3 (1607; reprint ed., Lafayette, Ind.: Sovereign Grace Trust Fund, 1990), p. 432.

6 Roger Steer, comp., *Spiritual Secrets of George Müller* (Wheaton, Ill.: Harold Shaw, 1985), pp. 61–62.

7 Francesca Premoli-Droulers, *Writers' Houses* (New York: The Vendome Press, 1995).

8 Jill Krementz, *The Writer's Desk* (New York: Random House, 1996).

9 Frank E. Gaebelein, gen. ed., *The Expositor's Bible Commentary*, vol. 5, *Proverbs* by Allen P. Ross (Grand Rapids, Mich.: Zondervan, 1991), pp. 1002-1003.

4부 단순화와 일지

1 이 주제를 더 알아보려면 "Journaling . . . for the Purpose of Godliness" in Donald S. Whitney, *Spiritual Disciplines for the Christian Life* (Colorado Springs, Colo.: NavPress, 1991) 참고.

2 Tony Buzan, *The Mind Map Book* (New York: Dutton, 1996).

3 M. A. Noll, "George Whitefield," in *Evangelical Dictionary of Theology*, 2nd ed., Walter A. Elwell, ed., (Grand Rapids, Mich.: Baker Academic, 2001), p. 1273.

4 Arnold Dallimore, *George Whitefield: The Life and Times of the Great Evangelist of the Eighteenth-Century Revival* (Westchester, Ill.: Crossway Books, 1979), vol. 1, p. 80.

5 Jonathan Edwards, *The Works of Jonathan Edwards*, rev. Edward Hickman (1834; reprint, Edinburgh: The Banner of Truth Trust, 1974), vol. 1, p. xxiv.

5부 단순화와 생각

1 Wendell Berry, *The Gift of Good Land* (San Francisco: North Point Press, 1981), p. 156.

2 Bobb Biehl, ed., *The Question Book* (Nashville: Thomas Nelson, 1993), p. ix.

3 그 예로 "코이노니아를 일구라(Cultivate Koinonia)" 참고.

4 D. Martyn Lloyd-Jones, *Spiritual Depression: Its Causes and Cure* (Grand Rapids, Mich.: Eerdmans, 1965), p. 224.

5 Wayne A. Detzler, New Testament *Words in Today's Language* (Colorado

Springs, Colo.: Cook Communications, 1986), p. 396.

6 John Owen, *An Exposition of the Epistle to the Hebrews*, vol. 7, W. H. Goold, ed. (1855; reprint, Grand Rapids, Mich.: Baker, 1980), p. 425.

7 Owen, p. 421.

8 C. H. Spurgeon, *Lectures to My Students*, four volumes in one (London: Passmore and Alabaster, 1881-94; reprint ed., Pasadena, Tex.: Pilgrim Publications, 1990), 2:65-68.

9 Richard Baxter, *The Autobiography of Richard Baxter*, abridged by J. M. Lloyd Thomas, ed., and with an introductions by N. H. Keeble (introduction and notes, London: J. M. Dent & Sons, 1931; reprint with revisions, Totowa, N.J.: Rowman and Littlefield, 1974), p. 94.

10 Baxter, p. 94.

6부 단순화와 마음

1 Iain H. Murray, D. Martyn Lloyd-Jones: *The First Forty Years 1899-1939* (Edinburgh: The Banner of Truth Trust, 1982), p. 98.

7부 단순화와 시간

1 The Editors of Country Beautiful, *A Man of Destiny: Winston S. Churchill* (Waukesha, Wis.: Country Beautiful Foundation, 1965), pp. 66-67.

2 Richard A. Swenson, *More Than Meets the Eye* (Colorado Springs, Colo.: NavPress, 2000), p. 55.

3 John Piper, *A Godward Life* (Sisters, Ore.: Multnomah, 1999), p. 364.

4 "Why Go to Church?" in Donald S. Whitney, *Spiritual Disciplines Within the Church* (Chicago: Moody, 1996), pp. 15-30 참고.

5 Bruce Horovitz, "24/7 almost a way of life," *USA Today*, 1 August 2001, p. 1.

8부 단순화와 다른 이들

1 London Confession of Faith (Baptist), 22.6; Westminster Confession of Faith (Presbyterian), 21.6.

2 Wayne Martindale and Jerry Root, eds., *The Quotable Lewis* (Wheaton, Ill.: Tyndale, 1989), p. 90.

3 John Blanchard, comp., *More Gathered Gold* (Welwyn, Hertfordshire, England: Evangelical Press, 1986), p. 291에서 인용.

4 Eugene H. Peterson, *Subversive Spirituality* (Grand Rapids, Mich.: Eerdmans, 1997), p. 178.

5 *Current Thoughts and Trends*, August 2000, p. 17에서 인용.

저자에 대해

도널드 휘트니는 2005년부터 켄터키주 루이빌에 위치한 서던 침례신학교에서 성경적 영성을 가르치는 교수이며 동시에 학과장으로 있다.

돈은 아칸소주 오시올라에서 자랐으며, 거기에서 예수 그리스도를 주님이자 구주로 영접했다. 그는 고등학교와 대학교 시절 내내 운동을 즐겼고, 아버지가 경영하는 방송국에서도 일했다. 아칸소 주립 대학을 졸업한 후에는 로스쿨을 마치고 스포츠 방송 분야에서 일하려고 했다. 하지만 아칸소대학 로스쿨에서 하나님이 자신을 예수 그리스도의 복음을 전하도록 부르시는 것을 느꼈다. 그 후에 텍사스주 포트워스에 있는 사우스웨스턴 침례신학교에 입학하여 1979년에 목회학 석사 과정을 마쳤다. 1987년에는 일리노이주 디어필드에 있는 트리니티 에반젤리칼 신학교에서 목회학 박사 과정을 마쳤다. 또 남아프리카대학교에서 기독교 영성 전공으로 신학박사 학위를 받았다.

서던 침례신학교로 오기 전에는 일리노이주 글렌 엘린에 있는 글렌필드침례교회에서 십오 년간 목회자로 있었다. 또 미주리주 칸사

스시티에 있는 미드웨스턴 침례신학교에서 영성 교수로 십 년을 재직했었다.

그는 『영적 훈련』(NavPress, 1991)의 저자이다. 또 『구원의 확신』(NavPress, 1994), 『당신의 영적 건강을 진단하라』(NavPress, 2001), 『오늘부터, 가정 예배』 등을 저술했다.

돈의 아내 캐피는 루이즈빌 인근 자택에서 성경 연구 교사로, 예술가로, 프리랜서 삽화가로 일한다. 휘트니 부부는 딸 하나를 두고 있다. 딸의 이름은 로렐런 크리스티아나이다.

그가 개설한 웹사이트 www.BiblicalSpirituality.org에서 무료로 이메일 뉴스레터를 받아볼 수 있다.

개혁된 실천 시리즈 ────────

1. 조엘 비키의 교회에서의 가정
설교 듣기와 기도 모임의 개혁된 실천
조엘 비키 지음 | 유정희 옮김

이 책은 가정생활의 두 가지 중요한 영역에 대한 실제적 지침을 포함하고 있다. 첫째, 공예배를 위해 가족들을 어떻게 준비시켜야 하는지, 설교 말씀을 어떻게 받아야 하는지, 그 말씀을 어떻게 실천해야 하는지 설명한다. 둘째, 기도 모임이 교회의 부흥과 얼마나 관련이 깊은지 역사적으로 고찰하면서, 기도 모임의 성경적 근거를 제시하고, 그 목적을 설명하며, 나아가 바람직한 실행 방법을 설명한다.

2. 존 오웬의 그리스도인의 교제 의무
그리스도인의 교제의 개혁된 실천
존 오웬 지음 | 김태곤 옮김

이 책은 그리스도인 상호 간의 교제에 대해 청교도 신학자이자 목회자였던 존 오웬이 저술한 매우 실천적인 책으로서, 이 책에서 우리는 청교도들이 그리스도인의 교제를 얼마나 중시했는지 엿볼 수 있다. 이 책은 그리스도인의 교제에 대한 핵심 원칙들을 담고 있다. 교회 안의 그룹 성경공부에 적합하도록 각 장 뒤에는 토의할 문제들이 부가되어 있다.

3. 신규 목회자 핸드북
제이슨 헬로포울로스 지음 | 리곤 던컨 서문 | 김태곤 옮김

이 책은 새로 목회자가 된 사람을 향한 주옥같은 48가지 조언을 담고 있다. 리곤 던컨, 케빈 드영, 앨버트 몰러, 알리스테어 베그, 팀 챌리스 등이 이 책에 대해 극찬하였다. 이 책은 읽기 쉽고 매우 실천적이며 유익하다.

4. 개혁교회의 가정 심방
가정 심방의 개혁된 실천
피터 데 용 지음 | 조계광 옮김

목양은 각 멤버의 영적 상태를 개별적으로 확인하고 권면하고 돌보는 일을 포함한다. 이를 위해 교회는 역사적으로 가정 심방을 실시하였다. 이 책은 외국 개혁교회에서 꽃피웠던 가정 심방의 실제 모습을 보여주며, 한국 교회 안에서 행해지는 가정 심방의 개선점을 시사해준다.

5. 아이들이 공예배에 참석해야 하는가
아이들의 예배 참석의 개혁된 실천
대니얼 R. 하이드 지음 | 유정희 옮김

아이들만의 예배가 성경적인가? 아니면 아이들도 어른들의 공예배에 참석해야 하는가? 성경은 이에 대해 무엇을 말하는가? 아이들의 공예배 참석은 어떤 유익이 있으며 실천적인 면에서 주의할 점은 무엇인가? 이 책은 아이들의 공예배 참석 문제에 대해 성경을 토대로 돌아보게 한다.

6. 신약 시대 신자가 왜 금식을 해야 하는가
금식의 개혁된 실천
대니얼 R. 하이드 지음 | 김태곤 옮김

금식은 과거 구약 시대에 국한된, 우리와 상관없는 실천사항인가? 신약 시대 신자가 정기적인 금식을 의무적으로 행해야 하는가? 자유롭게 금식할 수 있는가? 금식의 목적은 무엇인가? 이 책은 이런 여러 질문에 답하면서, 이 복된 실천사항을 성경대로 회복할 것을 촉구한다.

7. 개혁교회 공예배
공예배의 개혁된 실천

대니얼 R. 하이드 지음 | 이선숙 옮김

많은 신자들이 평생 수백 번, 수천 번의 공예배를 드리지만 정작 예배에 대해서 제대로 이해하지 못하는 경우가 많다. 당신은 예배가 왜 지금과 같은 구조와 순서로 되어 있는지 이해하고 예배하는가? 신앙고백은 왜 하는지, 목회자가 왜 대표로 기도하는지, 말씀은 왜 읽는지, 축도는 왜 하는지 이해하고 참여하는가? 이 책은 분량은 많지 않지만 공예배의 핵심 사항들에 대하여 알기 쉽게 알려준다.

8. 마음을 위한 하나님의 전투 계획
청교도가 실천한 성경적 묵상

데이비드 색스톤 지음 | 조엘 비키 서문 | 조계광 옮김

묵상하지 않으면 경건한 삶을 살 수 없다. 우리 시대에 일어나고 있는 일이 바로 이것이다. 오늘날은 명상에 대한 반감으로 묵상조차 거부한다. 그러면 무엇이 잘못된 명상이고 무엇이 성경적 묵상인가? 저자는 방대한 청교도 문헌을 조사하여 청교도들이 실천한 묵상을 정리하여 제시하면서, 성경적 묵상이란 무엇이고, 왜 묵상을 해야 하며, 어떻게 구체적으로 묵상을 실천하는지 알려준다. 우리는 다시금 이 필수적인 실천사항으로 돌아가야 한다.

9. 장로와 그의 사역
장로 직분의 개혁된 실천

데이비드 딕슨 지음 | 김태곤 옮김

장로는 무슨 일을 하는 사람인가? 스코틀랜드 개혁교회 장로에게서 장로의 일에 대한 조언을 듣자. 이 책은 장로의 사역에 대한 지침서인 동시에 남을 섬기는 삶의 모델을 보여주는 책이다. 이 책 안에는 비단 장로뿐만 아니라 모든 그리스도인이 본받아야 할, 섬기는 삶의 아름다운 모델이 담겨 있다. 이 책은 따뜻하고 영감을 주는 책이다.

10. 북미 개혁교단의 교회개척 매뉴얼
URCNA 교단의 공식 문서를 통해 배우는 교회개척 원리와 실천

이 책은 북미연합개혁교회(URCNA)라는 개혁교단의 교회개척 매뉴얼로서, 교회개척의 첫걸음부터 그 마지막 단계까지 성경의 원리에 입각한 교회개척 방법을 가르쳐준다. 모든 신자는 함께 교회를 개척하여 그리스도의 나라를 확장해야 한다.

11. 9Marks 마크 데버, 그렉 길버트의 설교
설교의 개혁된 실천

마크 데버, 그렉 길버트 지음 | 이대은 옮김

1부에서는 설교에 대한 신학을, 2부에서는 설교에 대한 실천을 담고 있고, 3부는 설교 원고의 예를 담고 있다. 이 책은 신학적으로 탄탄한 배경 위에서 설교에 대해 가장 실천적으로 코칭하는 책이다.

12. 네덜란드 개혁교회의 자녀양육
자녀양육의 개혁된 실천

야코부스 꿀만 지음 | 유정희 옮김

이 책에서 우리는 17세기 네덜란드 개혁교회 배경에서 나온 자녀양육법을 살펴볼 수 있다. 경건한 17세기 목사인 야코부스 꿀만은 자녀양육과 관련된 당시의 지혜를 한데 모아서 구체적인 282개 지침으로 꾸며 놓았다. 부모들이 이 지침들을 읽고 실천하면 큰 도움을 받을 수 있게 하였다. 의도는 선하더라도 방법을 모르면 결과를 낼 수 없다. 우리 그리스도인 부모들은 구체적인 자녀양육 방법을 배우고 실천해야 한다.

13. 예배의 날
제4계명의 개혁된 실천

라이언 맥그로우 지음 | 조계광 옮김

제4계명은 십계명 중 하나로서 삶의 골간을 이루는 중요한 계명이다. 하나님의 뜻을 따르는 우리는 이를 모호하게 이해하고, 모호하게

실천하면 안 되며, 제대로 이해하고, 제대로 실천해야 한다. 이를 위해 우리는 이 계명의 참뜻을 신중하게 연구해야 한다. 이 책은 가장 분명한 논증을 통해 제4계명의 의미를 해석하고 밝혀준다. 하나님은 그날을 왜 제정하셨나? 그날은 얼마나 복된 날이며 무엇을 하면서 하나님의 복을 받는 날인가? 교회사에서 이 계명은 어떻게 이해되었고 어떤 학설이 있고 어느 관점이 성경적인가? 오늘날 우리는 이 계명을 어떻게 지킬 것인가?

14. 9Marks 힘든 곳의 지역 교회
가난하고 곤고한 곳에 교회가 어떻게 생명을 가져다 주는가
메즈 맥코넬, 마이크 맥킨리 지음 | 김태곤 옮김

이 책은 각각 브라질, 스코틀랜드, 미국 등의 빈궁한 지역에서 지역 교회 사역을 해 오고 있는 두 명의 저자가 그들의 실제 경험을 바탕으로 쓴 책이다. 이 책은 그런 지역에 가장 필요한 사역, 가장 효과적인 사역, 장기적인 변화를 가져오는 사역이 무엇인지 가르쳐준다. 힘든 곳에 사는 사람들을 긍휼히 여기는 마음이 있다면 꼭 참고할 만한 책이다.

15. 생기 넘치는 교회의 4가지 기초
건강한 교회 생활의 개혁된 실천
윌리엄 보에케스타인, 대니얼 하이드 공저

이 책은 두 명의 개혁과 목사가 교회에 대해 저술한 책이다. 이 책은 기존의 교회성장에 관한 책들과는 궤를 달리하며, 교회의 정체성, 권위, 일치, 활동 등 네 가지 영역에서 성경적 원칙이 확립되고 '질서가 잘 잡힌 교회'가 될 것을 촉구한다. 이 4가지 부분에서 성경적 실천이 조화롭게 형성되면 생기 넘치는 교회가 되기 위한 기초가 형성되는 셈이다. 이 네 영역 중 하나라도 잘못되고 무질서하면 그만큼 교회의 삶은 혼탁해지며 교회는 약해지게 된다.

16. 장로 직분 이해하기 (가제, 근간)
모든 성도가 알아야 할 장로 직분
제랄드 벌고프, 레스터 데 코스터 공저

하나님은 복수의 장로를 통해 교회를 다스리신다. 복수의 장로가 자신의 역할을 잘 감당해야 교회 안에 하나님의 통치가 제대로 편만하게 미친다. 이 책은 그토록 중요한 장로 직분에 대한 성경의 가르침을 정리하여 제공한다. 이 책의 원칙에 의거하여 오늘날 교회 안에서 장로 후보들이 잘 양육되고 있고, 성경이 말하는 자격요건을 구비한 장로들이 성경적 원칙에 의거하여 선출되고, 장로들이 자신의 감독과 목양 책임을 잘 수행하고 있는가? 우리는 장로 직분을 바로 이해하고 새롭게 실천하여야 할 것이다. 이 책은 비단 장로만을 위한 책이 아니라 모든 성도를 위한 책이다. 성도는 장로를 선출하고 장로의 다스림에 복종하고 장로의 감독을 받고 장로를 위해 기도하고 장로의 직분 수행을 돕고 심지어 장로 직분을 사모해야 하기 때문에 장로 직분에 대한 깊은 이해가 필수적이다.

17. 집사 직분 이해하기 (가제, 근간)
모든 성도가 알아야 할 집사 직분
제랄드 벌고프, 레스터 데 코스터 공저

하나님의 율법은 교회 안에서 곤핍한 자들, 외로운 자들, 정서적 필요를 가진 자들을 따뜻하고 자애롭게 돌볼 것을 명한다. 거룩한 공동체 안에 한 명도 소외된 자가 없도록 이러한 돌봄이 잘 이루어져야 한다. 이 일은 기본적으로 모든 성도가 힘써야 할 책무이지만 교회는 특별히 이 일에 책임을 지고 감당하도록 집사 직분을 세운다. 오늘날 율법의 명령이 잘 실천되어 교회 안에 사랑과 섬김의 손길이 구석구석 미치고 있는가? 우리는 집사 직분을 바로 이해하고 새롭게 실천하여야 할 것이다. 그것은 교회 공동체를 향한 하나님의 거룩한 뜻이다.

18. 건강한 교회의 실천사항들(가제, 근간)
생기 넘치는 교회 생활과 사역을 위한 성경적 전략

도널드 맥네어, 에스더 미크 공저, 브라이언 채플 서문

이 책은 미국 P&R 출판사에서 출간된 책으로서, 교회라는 주제를 다룬다. 저자는 교회를 재활성화시키는 것을 돕는 컨설팅 분야에서 일하면서, 많은 교회의 문제점을 진단하고 개선을 유도하면서 교회들을 섬겼다. 교회 생활과 사역은 침체되어 있으면 안 되며 생기가 넘쳐야 한다. 저자는 탁상공론을 하지 않는다. 이 책에서 그는 교회의 관행과 관련된 여러 가지 실제적 문제점을 진단하고, 그 개선책을 제시하면서, 생기 넘치는 교회 생활과 사역을 위한 실천적 방법을 명쾌하게 예시한다. 그 방법은 인위적이지 않으며 성경에 근거한 지혜를 담고 있다.